MÄNGELEXEMPLAR

DR. MED. VET. LUDWIG BAYER
KATZENSPRECHSTUNDE

Hinweis:
Die Ratschläge in diesem Buch sind mit aller Sorgfalt zusammengestellt und mehrfach überprüft worden. Dennoch kann eine Garantie nicht übernommen werden. Eine Haftung des Verlages und seiner Beauftragten für Personen-, Sach- oder Vermögensschäden ist ausgeschlossen.

© 1990 Stedtfeld Verlag GmbH, Münster
Illustrationen: Mathias Wosczyna
Umschlaggestaltung: Thomas Steinkämper
Satz: Grafikdesign Jauczius & Böwer, Münster
Druck: Lechte Druck, Emsdetten
Buchbinderische Verarbeitung: Buchbinderei Klemme, Bielefeld

Alle Rechte vorbehalten. Nachdruck oder fotomechanische Wiedergabe, auch auszugsweise, nur mit Genehmigung des Verlages.
Printed in Germany

ISBN: 3-927624-62-4

DR. MED. VET. LUDWIG BAYER

KATZEN
SPRECHSTUNDE

Vom richtigen Umgang mit
unseren vierbeinigen Freunden

STEDTFELD

Inhaltsverzeichnis

Vorwort   6

Wissenswertes über einen kleinen Jäger   10
Unser freier Mitarbeiter   12
Wie Katzen die Welt sehen   14
Auslauf oder nicht?   17
Einige Anmerkungen zu Rassekatzen   19

Der »Bauplan« der Katze   21
Knochengerüst und Körperregionen   21
Das Gebiß der Katze   22

Vom rechten Umgang mit dem kleinen Freund   25
Katze und Mensch – ein gleich-ungleiches Paar   25
Geheimnisse der »Katzensprache«   29
Wie Sie eine Katze bekommen   32
Die Erziehung eines Freigeistes   34
Wenn Ihre Katze verschwunden ist   36
Keine Probleme beim Umzug   40
Wenn Sie Ihre Katze einmal tragen müssen   41
Was Ihre Katze braucht, wenn Sie im Urlaub sind   43

Richtige Pflege – die beste Krankheitsvorbeugung   47
Basis der täglichen Pflege   47
Was es mit der »Katzenwäsche« auf sich hat   50
Die Ernährung der Katze   51
Wie wird gefüttert, wenn die Katze krank ist?   55

Das Liebesleben der Katzen   56
Katzenliebe   57
Katerliebe   60

Vorbeugen ist – wie immer – besser als heilen   64
Wann und wogegen Sie impfen sollten   64
Übersicht über die wichtigsten Infektionskrankheiten   66

Untersuchung und Behandlung — 78
Grenzen der Selbstbehandlung — 78
Worauf Sie bei der Untersuchung
Ihrer Katze achten sollten — 79
Wie Sie bei der Untersuchung
und Behandlung Ihrer Katze vorgehen — 81
Homöopathische Arzneimittel – Helfen Sie auch? — 92

Was tun, wenn die Katze ... — 94
... trübe oder wäßrige Augen hat — 94
... langsam kaut, speichelt
und nicht mehr so richtig zubeißt — 97
... sich ständig mit den Pfoten
über die Ohren streift und den Kopf schüttelt — 100
... mit feuchter Nase ständig schnieft — 103
... sich unentwegt kratzt — 108
... Würmer hat — 114
... sich erbricht — 116
... nicht mehr »sauber« ist — 118
... verstopft ist — 122
... häufig Wasser lassen muß, dabei preßt
oder Blutspuren im Harn aufweist — 124
... nur auf drei Beinen geht oder hinkt und lahmt — 129
... sich verletzt hat — 135
... immer dicker oder immer dünner wird — 141
... knotige Veränderungen am Körper aufweist — 146
... sich merkwürdig benimmt — 148
... schlecht riecht — 151
... sich möglicherweise vergiftet hat,
unlustig und oft müde ist — 153

Zum guten Schluß — 154

Literaturhinweise — 155

Nützliche Adressen — 155

Register — 156

Vorwort

Unsere Katzen. Den Kindern sind sie willfähriger und geduldiger Spielgefährte, Punching Ball, Trost und Freund in der Einsamkeit des Nichtverstandenwerdens – Brücke zu einer Welt, die die Erwachsenen schon verlassen haben, wobei sie ärmer geworden sind.
Uns Erwachsenen sind sie selbstverständliches Familienmitglied, Quell unverdienter Streicheleinheiten, die wir in der Kälte des Alltags oft nicht mehr bekommen, weil wir selbst so mit ihnen geizen, Entspannungshilfe in streßbeladener Zeit, anmutige, wandelnde Erinnerung daran, daß ein Leben in Selbständigkeit, Zivilcourage und würdevoller Unbestechlichkeit doch möglich ist.
Und den Älteren sind sie Träger von Erinnerungen, kleine Öfen, die Wärme und Gesundheit spenden, Trost und Begleiter in der manchmal schmerzenden Einsamkeit des Ausgeschlossenseins – Brücke zu einer Welt, die noch keiner kennt.
Katzen lieben uns nicht »weil«, sondern »trotzdem«.
Bei aller Selbständigkeit, Geduld und Natürlichkeit unseres kleinen Freundes schulden wir ihm doch ein gewisses Minimum an aktiver Aufmerksamkeit, Zuwendung und richtiger Pflege. Katzen haben zwar »sieben Leben«, aber die sind bisweilen schnell aufgebraucht, wenn wir nicht bereit sind, ihre »Sprache« zu verstehen. Jeder Tierarzt kann bestätigen, daß eine große Zahl seiner kleinen Katzen-Patienten an den Folgen falscher Behandlung und Ernährung leidet.
Der richtige Umgang mit Katzen erfordert natürlich das Wissen darüber, was sie brauchen und was sie lieben. Und gerade dieses Wissen ist leider viel öfter lückenhaft, als man meinen könnte. Katzen können zwar viele Laute von sich geben, aber leider (oder

Gott sei Dank?) können sie sich nicht der Sprache der Menschen bedienen, wenn sie sagen möchten, wo es ihnen weh tut, was ihnen fehlt und wie sie sich fühlen. Dabei kennt auch die Katzensprache eindeutige Signale, die lange vor dem Ausbruch einer Krankheit auf ein Ungleichgewicht hindeuten. Frühzeitige Behandlung kann hier viel verhüten und Wunder wirken.

Wenn die Katze ernsthaft krank ist, dann ist sicher der Weg zum Tierarzt das einzig richtige. Zu lange selbst herumzudoktern und auch zu lange abzuwarten wird mehr Schaden als Nutzen bringen. Andererseits gibt es aber auch viele einfache Beschwerden und Störungen, die man gut selbst behandeln kann, vorausgesetzt, man erkennt, um welche Gesundheitsstörungen es sich handelt, wie man sie behandeln kann und wo die Grenzen der Selbstbehandlung liegen. Zudem haben nicht alle Katzenfreunde das Glück, einen guten Tierarzt in ihrer Nähe zu wissen. Sie sind dann zumindest bei den Erste-Hilfe-Maßnahmen auf ihren »gesunden Katzenverstand« angewiesen. Auch was Nahrung, geeignete Pflege und richtigen Umgang mit der Katze betrifft, kann man oft genug Rat- und Hilflosigkeit in den Kreisen der Katzenhalter feststellen.

So habe ich mir mit diesem Buch die Aufgabe gestellt, eine Art Übersetzungsarbeit zu leisten, damit Sie die »geheime« Sprache der Katzen kennenlernen können und mehr und länger Freude aneinander und miteinander haben.

1. Teil

Pflege und Umgang

Wissenswertes über einen kleinen Jäger

Wenn ich mich mit einer Katze ergötze,
wer will sagen,
ob ich ihr die Zeit vertreibe
oder sie mit mir
(Montaigne)

Auch Ihre Katze ist ein Raubtier

Wußten Sie, daß es möglicherweise der Jagdinstinkt der Katze war, der uns Menschen den Abschied vom Jäger- und Sammlerdasein ermöglichte?
Nach Art und Abstammung ist die Katze ein Raubtier. Ihre unmittelbaren Vorfahren sind die Wildkatzen, besonders die nubische Falbkatze, die indische gefleckte Steppenkatze und die kaukasische Wildkatze. Als die Menschen allmählich seßhaft wurden und damit begannen, Nahrungsvorräte anzulegen, mußten sie entdecken, daß unerwünschte »Haustiere« dieses Treiben mit Wohlgefallen zur Kenntnis nahmen – die Mäuse und die Ratten.
Jahrtausendelang lebten Menschen und Katzen nebeneinander, ohne einander so recht wahrzunehmen. Die einen lebten von der Hand in den Mund, die anderen waren kleine, hochspezialisierte Raubtiere, vorwiegend des Nachts aktiv, immer auf Deckung bedacht. Erst als die Bewohner Nordafrikas und besonders Ägyptens begannen, riesige Kornspeicher anzulegen, um sich für die unregelmäßig auftretenden Dürrezeiten zu wappnen, war eine neue Zeit für die Katzen gekommen.
Vor rund 4000 Jahren war es, als die afrikanische Falbkatze die Kornspeicher der Ägypter entdeckte, und damit ein wahres Mäu-

seschlaraffenland. Sie blieb in der Nähe des Menschen, machte reichlich Beute und vermehrte sich. Anfangs wurde sie von den Bewohnern des Nilufers nur geduldet, bald aber lockten sie den Mäusefänger gezielt an, weil man seinen Nutzen rasch erkannte, und schließlich erhoben sie die Beschützerin ihrer Vorräte sogar zur Gottheit.

Damit begann der märchenhafte Aufstieg des einzigen Lebewesens, das sich freiwillig und ohne Unterwerfung dem Menschen anschloß. Die Ägypter machten es der Katze leicht, sich in ihrer Umgebung einzuleben. Sie wurde wie ein Familienmitglied behandelt, hatte einen eigenen Platz an der Tafel, das Milchschälchen war stets wohlgefüllt. Sie wurde als Bastet verehrt, als die katzenköpfige Frau des Sonnengottes Ra. So kam sie sogar zu eigenen Tempeln, in denen Priester für das Wohl der dort lebenden Katzen sorgten.

Eine märchenhafte Karriere

Die Katze symbolisierte auch die Mondgottheit. Man sagte ihr nach, daß sie tagsüber die Sonnenstrahlen in ihren Augen einfange und nachts reflektiere. Das Ansehen einer ägyptischen Familie war von der Anzahl ihrer gefleckten oder getigerten Mitbewohner entscheidend abhängig: Als reich und vornehm galt, wer viele Katzen sein eigen nennen konnte. Unter Todesstrafe war es verboten, einer Katze etwas zuleide zu tun oder sie gar zu töten. Katzen durften auch nicht außer Landes gebracht werden. Auf diese Weise hatte sich aus der wilden und scheuen Falbkatze die erste Hauskatze entwickelt, eine eigene Rasse, die zunächst nur im ägyptischen Reich zu finden war. Denn die Pharaonen sorgten dafür, daß ihr kostbarstes Gut, die Garantie für ein sattes Volk, innerhalb der Grenzen ihres Herrschaftsgebietes blieb.

Lieblinge der Pharaonen

Die ägyptische Katze war noch nicht so fruchtbar wie unsere heutigen Hauskatzen, sie folgte noch dem Vermehrungs-Rhythmus ihrer wilden Vorfahren. Damals warf sie in sieben Jahren etwa 28 Junge, zog also jährlich etwa vier Junge groß. Zur Blütezeit des Katzenkultes, um 800 vor Christus, hatte sich die kleine Raubkatze bereits verändert: Die Farbe ihres Fells war mehr grau und schwarz geworden, das Gebiß war kleiner, die Figur schmaler geworden.

Wissenswertes über einen kleinen Jäger

Zweitausend Jahre lang war sie im wahrsten Sinne des Wortes die Göttin eines Volkes gewesen. Doch dann versank das ägyptische Reich, die Gottheit Bastet geriet in Vergessenheit. Die Katze war nicht mehr »Eigentum« eines Volkes allein.

Im »Zeitalter der Dummheit«, im Mittelalter, hatte man teilweise völlig vergessen, welchen Nutzen der »kleine Tiger« den Menschen gebracht hatte. Man brachte sie sogar mit den Mächten des Teufels in Verbindung. Damals endeten unzählige Katzen zusammen mit ihren Besitzerinnen auf dem Scheiterhaufen, verurteilt von Fanatikern. Dennoch war sie nicht mehr von den Wohnstätten des Menschen wegzudenken.

Auf der ganzen Welt hatte man inzwischen ihre besonderen Qualitäten erkannt: Katzen bewachten das wertvollste Handelsgut der Japaner und Chinesen – die Seide – vor den Mäusen. Bei den Griechen und Römern hatte sie schon lange vorher Wiesel und Schlangen als Mäusefänger abgelöst. Und es war die Katze, die zum ersten Tierschutzgesetz der Welt führte: Ein walisischer Fürst stellte ihre Tötung unter strengste Strafen. Freiwillig folgte sie den Menschen in ihre wachsenden Städte, machte dabei kleine äußerliche Veränderungen durch, je nach Geschmack ihrer Bewohner: Die Japaner liebten weiße und rotweiße Tiere, die Chinesen Stupsnasen, die Franzosen langhaarige Tiere. Doch innerlich blieb sie, was sie immer war: ein Raubtier, das blitzschnell zuschlägt, ein selbstbewußtes Wesen, das sich freiwillig niemandem unterwirft.

Das erste Tierschutzgesetz der Welt

Unser freier Mitarbeiter

Einer meiner Freunde verglich einmal das Wesen von Katze und Hund: Der Hund, sagte er, ist ein Angestellter, die Katze dagegen ein freier Mitarbeiter. Ich glaube, wer beide kennt, wird das nur bestätigen können.

Untereinander sind Katzen nicht einmal freie Mitarbeiter, sondern eher einzelgängerische Wesen. Eine Katzenmutter hängt zwar innig an ihren Jungen, aber unter Fauchen und deftigen Ohrfeigen bricht die Familie auseinander, wenn die Nachkommenschaft herangewachsen ist und schon für sich selbst sorgen könnte. Mehrere erwachsene Tiere in einem Raum zu halten ist für die meisten dieser Katzen kein besonderes Vergnügen, denn sie halten gerne auf Distanz. Sogar während der Rolligkeit wird der Kontakt zum anderen Geschlecht nur zögernd aufgenommen und hält in der Regel nicht lange.

Stolze und selbstbewußte Einzelgänger

Katzen abzurichten ist, wie jeder Katzen-»Besitzer« weiß, sehr schwer. Nur wenn es ihm gelingt, mit Hilfe von viel Mühe und Einfühlung, liebevoller Pflege, Verständnis und noch mehr Geduld den eigenen Willen und den Willen der Katze in Einklang zu bringen, kann sich die Katze entschließen, dem Menschen Zuneigung und Anhänglichkeit zu geben. Schlechte Erfahrungen mit dem Menschen in ihrer Jugend vergißt sie nicht. Sie kann dann ihr ganzes Leben lang scheu und ängstlich, kratzbürstig und abweisend bleiben.

Manchmal scheint es auch, als hänge die Katze mehr an Haus und Wohnung als an ihrer Menschenfamilie. Ihr macht es nur selten etwas aus, wenn man ohne sie in Urlaub fährt, solange sie ihr tägliches Futter und ein sauberes Katzenklo vorfindet. Viele Menschen legen ihr das als »Gefühlskälte« aus, aber solche Menschen verlangen wahrscheinlich ohnehin von Mensch und Tier mehr, als diese jemals zu geben imstande sind.

Trotz ihrer manchmal mürrischen Einzelgängerpose kann die Bindung zwischen Katze und Mensch ausgesprochen eng sein, besonders wenn es eine Beziehung »auf Gegenseitigkeit« und auf der Basis von Gleichberechtigung ist. Wer das Sprichwort verstanden hat und es auch lebt, daß »Freundschaft immer eine angenehme Verantwortung und niemals eine günstige Gelegenheit« ist, für den kann eine Katze ein echter Freund werden.

Freundschaft auf der Basis von Gleichberechtigung

Katzen besitzen alle Instinkte, die geborenen Jägern eigen sind: Revierbehauptung, Rivalität, kämpferische Abwehr von Eindringlingen und unbekümmerte Sexualität. Der Mensch nimmt deshalb für Katzen eine Art Sonderstellung ein. Er ist kein Konkurrent, er schlägt nicht gleich zurück, wenn er zur Begrüßung angefaucht wird, er ist tolerant im Gegensatz zum Nachbarkater. Und so lernt ihn die Katze allmählich schätzen, mit all seinen Fehlern und seiner (in ihren Augen) ungeschickten Tapsigkeit.

Es ist schon eine Leistung, die Freundschaft einer Katze zu gewinnen. Behutsame Bewegungen, Überredung anwenden statt Zwang, sanftes Anfassen, nicht direkt in die Augen starren, Einstellung auf ihren Lebensrhythmus – zu all diesen Eigenschaften erzieht uns die Katze, wenn wir ihr näherkommen wollen. Ist es uns erst einmal gelungen, läßt sie sich auch geduldig unter johlendem Geschrei von den Kindern des Hauses durch die Gegend schleppen – bis es ihr reicht und wieder ein paar Pflaster die von ihr verursachten Kratzwunden zudecken müssen.

Die Katze erzieht den Menschen

Die Freundschaft einer Katze läßt sich nicht kaufen, sie läßt sich nur gewinnen.

Wie Katzen die Welt sehen

Die Sinneskräfte der Katze haben einiges zu bieten und sind an ihr (früheres) Leben als Jäger bestens angepaßt. Mit traumwandlerischer Sicherheit bewegt sich Ihre Katze im Dunkeln, wo Sie selbst unsicher die Wand nach dem Lichtschalter abtasten. Sie kommt mit sechsmal schwächerem Licht aus als wir Menschen und hat Augen, die mit einem patenten »Restlichtverstärker« ausgerüstet sind: Hinter der Netzhaut ihrer Augen liegt eine Gewebeschicht namens *Tapetum lucidum*. Wie ein Spiegel wirft diese schwaches Licht zurück und verstärkt es. Katzen sehen die Welt auch in Farbe, im Gegensatz zum Hund, der alles »grau-in-grau« sieht.

Sicher auch im Dunkeln

Und selbst in absoluter Finsternis kann sich das Tier immer noch auf Gehör, feines Pfoten-Gefühl und das Tast-Radar in den Schnurrhaaren verlassen. Mit ihnen kann eine Katze Hindernisse wahrnehmen, wenn sie sich ihnen nähert. Auch in völliger Finsternis stößt Mieze daher nirgends an. Die aufgefächerten Tasthaare sind

Wie Katzen die Welt sehen

außerdem ihr automatisches Zentimetermaß, das ihr genau sagt, ob sie durch einen Spalt hindurchpassen wird oder nicht. Aus diesem Grund können sich auch blinde Katzen auf vertrautem Gebiet zurechtfinden.

Und sie schützen auch die Augen: Berührt irgend etwas die Tasthaare, müssen Katzen sofort blinzeln. Die Pupillen arbeiten wie die Blendenautomatik einer Kamera, öffnen sich weit bei wenig Licht oder verengen sich bei gleißender Sonne zu hauchdünnen Sehschlitzen.

Unscharf und farblos nimmt die Katze ihre Menschen wahr, wenn sie weit entfernt sind. Sie erkennt sie trotzdem, denn in ihrem Gehirn hat sie typische Bewegungsabläufe, Umrisse und mit den Bewegungen einhergehende Geräusche gespeichert.

Das Katzenauge – eine perfekte Kamera

Ihre beste Sehschärfe hat eine Katze bei Entfernungen von zwei bis sechs Metern. Da entgeht ihr nicht einmal ein Marienkäfer, vorausgesetzt, er bewegt sich.

Unbewegliches interessiert sie nicht sonderlich. Mäuse scheinen das zu wissen. Sie »erstarren vor Schreck«, wenn sie überrascht werden. Erstmal entdeckt, haben sie kaum eine Chance. Weil beide Augen nach vorne gerichtet sind und ihre Blickwinkel sich überlagern, kann die Katze räumlich sehen. Sie kann also sehr genau einschätzen, wie groß die Maus ist und wie weit entfernt. Und sie kann so »auf den Punkt genau« zuspringen.

Dabei hilft ihr auch noch eine weitere, fantastische Eigenschaft ihrer Augen: Sie können hören. Das Sehzentrum im Hirn einer Katze empfängt über den Sehnerv vom Auge nicht nur Bildinformationen, es reagiert auch auf Töne. Katzen setzen also mit Augen und Ohren perfekte Hörbilder zusammen. Das bringt sie, auch wenn sie sich weit von zu Hause entfernt haben, wieder sicher zurück, wie Wissenschaftler nachgewiesen haben: Eine Katze hat alle Hörbilder ihrer gewohnten Umgebung im Kopf. Wird sie selbst 10 km entfernt in unbekanntem Gelände ausgesetzt, stellt sie sozusagen neue Berechnungen an, was Lautstärke, Tonmischung, Einfallswinkel, Entfernungen usw. betrifft, und kommt dann auf direktem Weg nach Hause.

Der unschlagbare »Pfadfinder«

Wissenswertes über einen kleinen Jäger

Achtung – Lauschangriff!

Auch das Gehör an sich der Katze ist besser als unser eigenes. Bei den tiefen Tönen ist kein Unterschied, aber während unsere Ohren bei über 18.000 Schwingungen pro Sekunde nur noch Stille registrieren, hat eine Katze noch »volles Programm« bis mindestens 60.000 Schwingungen pro Sekunde. 27 Ohrmuskeln sorgen dafür, daß es genau auf die gewünschte Schallquelle eingestellt wird. Und weil ihr Gehirn in der Lage ist, aufzuschlüsseln, welcher Ton vielleicht eine Idee lauter ist oder eine Zehntausendstelsekunde früher an eines ihrer Ohren traf, ist es jeder Katze möglich, selbst aus meterweiter Entfernung zwei Geräuschquellen auseinanderzuhalten, zwischen denen noch nicht einmal 10 Zentimeter liegen. Hundegebell im Hintergrund filtern Katzenohren auch dann heraus, wenn viel lautere Geräusche es überdecken. Sie kann die Trichterohren – unabhängig voneinander – um 180° drehen und so von allen Seiten Schall aufnehmen und als »Gefahr« oder als »harmlos« einstufen.

Auch die Pfoten »hören« mit: In der Hornhaut spüren sogenannte Druckrezeptoren jede noch so schwache Bodenschwingung. Alte Katzen, deren Gehör nachläßt, entdecken so immer noch das Trippeln von Mäusen. Zur Jagd braucht Mieze ihre gar nicht so schlechte Nase eigentlich nicht, aber die Nase entscheidet, wo eine Katze sich wohlfühlt. Bei einem Menschen, den sie nicht »riechen« kann, wird sie nie bleiben. Riechen sie Baldrian, so spielen alle Katzen verrückt.

Duftnoten sprechen Bände

Mit jedem Fußtritt geben die Schweißdrüsen der Ballen Duftstoffe an den Boden ab, die anderen Katzen signalisieren, wer hier wann gelaufen ist. Wildlebende Katzen sehen und hören sich fast nie, trotzdem kennen sie einander – allein durch ihre Markierungsdüfte. Kein Wunder also, daß Katzen sehr empfindlich gegen scharfe Gerüche sind, wie z. B. Parfüms und Tabakrauch. Aber auch Lärm und Krach, besonders wenn er unvermittelt einsetzt, ist für Katzen äußerst unangenehm.

Auslauf oder nicht?

Immer wieder streiten Katzenhalter, Katzenzüchter und auch Tierärzte über die Frage, ob man Katzen freien Auslauf gewähren sollte oder nicht. Interessant wird sie natürlich erst dann, wenn die Möglichkeit dazu besteht. Wenn Sie im Stadtzentrum wohnen und weder Hinterhöfe noch Grünanlagen gut erreichbar sind, ist es sicher nicht angebracht, die Katze frei laufen lassen. Auslauf heißt, daß die Katze einen geeigneten Aus- und Zugang zur Wohnung hat, den sie jederzeit benutzen kann, inklusive eines geeigneten Terrains, in dem sie sich frei bewegen und jagen kann. Diese Voraussetzungen sind heute bei den meisten Katzenhaltern nicht gegeben. Dem Straßenverkehr mit seiner heutigen Dichte fallen alljährlich unzählige Katzen zum Opfer. Aber auch wenn Sie auf dem Land oder am Stradtrand wohnen, drohen Ihrer Katze Gefahren: Pflanzenschutzgifte, Rattengift, Diebstahl zum »Eigenbedarf« oder Weiterverkauf, vermehrter Befall mit Parasiten und Infektionskrankheiten, katzenscharfe Hunde, katzenfeindliche Nachbarn und auch hier der Straßenverkehr. Reibereien mit Nachbarn sind zwar nicht sehr häufig, können sich aber ergeben, weil die Katze beispielsweise Vögeln auflauert und sie aus Nachbars Garten verscheucht, Kot ausgerechnet in dessen heißgeliebtes Rosenbeet setzt oder an neuralgischen Punkten Harn verspritzt. Ein weiterer Hinderungsgrund für freien Auslauf geht die Halter von Rassekatzen an, die eine ungeplante Fortpflanzung ihrer Schützlinge verhindern wollen. Das hochprämierte, hochgezüchtete Tier soll sein Katzenherz nicht an irgendeinen dahergelaufenen Kater »verschleudern«.

Doch jede Katze braucht Sonne, Luft und ein bestimmtes Maß an Bewegungsfreiheit. Jagdtrieb und Revierverhalten sind auf ein Leben draußen in der freien Natur ausgerichtet, und daher gehen Katzen für ihr Leben gerne auf die Jagd. Zudem werden sie robust und kräftig, wenn sie natürlich, das heißt, ihren Anlagen entsprechend gehalten werden, sind dann meistens weniger krankheitsanfällig und behalten ihre Zähne bis ins hohe Alter. Auch hat die

Wohnung mit eigenem Ausgang

Bewegungsfreiheit ist unerläßlich

Katze auf diese Weise die Chance, sich selbst zusätzlich mit artgerechter Nahrung zu versorgen, seien es Gräser oder Kleintiere. Ohnehin wäre es auch für uns Menschen wesentlich besser, wenn wir uns der natürlichen Jagdinstinkte der Katzen als Mäuse- und Rattenfänger bedienen würden, statt diese Plagen mit umweltproblematischen Giften in den Griff bekommen zu wollen.

Viele Infektionskrankheiten freilaufender Katzen lassen sich durch entsprechende Impfungen ausschließen. Unerwünschter Nachwuchs bleibt aus, wenn Sie Ihre Katze kastrieren lassen. Dadurch unterbleibt das lästige Markieren, die nächtlichen Katergesänge und auch die Rolligkeitsschreie verstummen.

Wohnungskatzen müssen nicht neurotisch sein

Katzen, die von Geburt an in der Wohnung gehalten werden, vermissen nichts, wenn sie nicht hinaus dürfen, vorausgesetzt, ihre natürlichen Bedürfnisse werden erfüllt. Wenn Sie Ihre Katze nicht frei laufen lassen wollen oder können, tut es auch ein katzensicherer Garten oder ein Freigehege. Sie können aber auch auf dem Balkon einen Katzengarten einrichten oder Kratzbäume in der Wohnung aufstellen, an denen sich Ihre Katze die Krallen schärfen kann. An den Fenstern lassen sich Fliegengitter anbringen, so daß Ihre Katze Sonne und Frischluft bekommt, ohne entwischen zu können. Blumenkästen und -töpfe sorgen für das notwendige Grün. Beschäftigen Sie sich außerdem täglich eine gewisse Zeit mit Ihrem Hausgenossen, ernähren und pflegen Sie die Katze sorgfältig. Wenn sie alles hat, was sie braucht, haben Sie gute Chancen, daß Ihr Tier nicht wie so viele andere Wohnungskatzen neurotisch und verhaltensgestört wird. Denken Sie daran: Haben Sie Ihrer Katze ein paarmal Auslauf gegönnt, so ist es sehr schwer, sie wieder umzugewöhnen. Wenn Sie darauf achten, daß die Bedürfnisse Ihres Schützlings erfüllt sind, ist gegen Wohnungshaltung nicht viel einzuwenden.

Einige Anmerkungen zu Rassekatzen

Vor allem der Vorliebe vieler Engländer für alles Unergründliche und Romantische, gepaart mit dem entsprechenden Erfindungsgeist, ist es zu verdanken, daß sie zu den größten Katzenzüchtern wurden.

Heute gibt es etwa 50 Katzenrassen, die von der Nasenspitze bis zum Schwanzhaar in den sogenannten »Standards« der europäischen Zuchtorganisationen beschrieben sind. Der Stammbaum oder die Ahnentafel vieler dieser Katzen hat aber nichts mit irgendeiner Art von Adel zu tun. Auch eine Rassekatze ist eben eine Katze, bei der nur bestimmte äußere Merkmale »reingezüchtet« wurden. Vielleicht haben sie einen Vorteil: Im allgemeinen sind Rassekatzen zutraulicher und stärker auf den Menschen bezogen als normale Hauskatzen. Andererseits ist die Selbständigkeit, aber auch die Robustheit und Widerstandsfähigkeit von »normalen« Hauskatzen größer. Letztendlich wird bei der Wahl einer Katze als Hausgenosse der Geschmack des Tierhalters entscheiden. Warum sollten Sie nicht Ihr Herz an eine Perser- oder Angorakatze verlieren, an eine »Siam« oder eine »Russisch Blau« – vorausgesetzt, Sie sind bereit, den entsprechenden Preis zu bezahlen. Rassekatzen sollten ausschließlich bei seriösen Züchtern gekauft werden, die reelle Preise verlangen. Sollten Sie Zweifel über die Seriosität haben, finden Sie im Anhang einige Adressen von Zuchtverbänden, die gerne weitere Auskünfte geben werden.

Die empfindsamen Schönen

Preisüberprüfung bei den Zuchtverbänden

Langhaarkatzen brauchen mehr und intensivere Pflege: Tägliches Kämmen und Bürsten ist unerläßlich. Ansonsten unterscheiden sich Pflege und Haltung von Rassekatzen nicht von der normaler Hauskatzen.

Die erste »Russisch-Blau« kam mit den politischen Nachwehen des Krimkrieges 1855 nach England. Knapp 13 Jahre später entdeckten britische Globetrotter ihr Herz für die »schönen Wilden« aus Äthiopien: die Abessinier. Die ersten Siam-Katzen reisten 1884 mit einem Konsul aus Siam nach Großbritannien. Die Perser-Katze – vermutlich im Vorderen Orient zu Hause – wurde 1889 von Queen

Wissenswertes über einen kleinen Jäger

Victoria in den Stand der Edelkatzen erhoben. Nach der Jahrhundertwende verlagerte sich die angelsächsische Katzen-Liebhaberei mehr und mehr nach den USA. Dort wurde die erste »heilige Birma« aus Siam und Perser gezüchtet. Auch Somalis sind kein Ergebnis natürlicher Art, sondern nur eine langhaarige »Kreation« aus Abessiniern. Bei den meisten Neuzüchtungen mit immer exotischeren Namen verhielt es sich so wie mit den »Havannesern«, die zwar nie in Kuba waren, dafür aber (ganz entfernt) einer Zigarre ähneln.

Auch die Hauskatze ist ein Zuchtergebnis

Auch die Merkmale der in Europa am weitesten verbreiteten »Haus- und Bauernkatze« – der »Europäisch Kurzhaar« – wurden zuerst von den Engländern »sauber« gezüchtet. Kennzeichen sind der breite, runde Kopf, die abgerundeten kurzen Ohren, der massive muskulöse Körper, die breite Brust, kurze dicke Beine und ein abgerundeter, kurzer Schwanz. Erlaubt sind alle Farben der anderen Rassen, gestromte zwei- und dreifarbige Fellfarben. Pendant zur »Europäisch Kurzhaar« ist die »British Shorthair«. Die anderen abendländischen Kurzhaarrassen, die »Amerikanisch Kurzhaar« und die »Exotic Shorthair«, sind Perser-Verwandte und unterscheiden sich drastisch aufgrund der kurzen Nase und durch die Fellstruktur.

Über die individuellen Eigenarten von Rassekatzen – Familienfreundlichkeit, Pflege usw. – wird in guten Tierhandlungen und bei Züchtervereinen bereitwillig Auskunft gegeben.

Der »Bauplan« der Katze

So geht es auf der Welt.
Wenn man nur still und geduldig wartet,
wie die Katze vor dem Mauseloch,
so kommen alle guten Dinge wieder
einmal zum Vorschein.
(Gottfried Keller)

Knochengerüst und Körperregionen

Ein Minimum an Wissen über die Anatomie und die wichtigsten Körperfunktionen einer Katze sollten Sie besitzen, damit Sie im Krankheitsfall Ihrer Katze Erste Hilfe leisten können, wo es möglich und nötig ist.
Wer hat sich nicht schon einmal von der Harmonie der Bewegung eines Katzentieres faszinieren lassen? Etwa 240 Knochen, 500 frei bewegliche Muskeln und eine ungemein schmiegsame Muskelschicht direkt unter der Haut spielen in einem Katzenkörper perfekt zusammen. Sie ermöglichen die enorme Körperbeherrschung und Geschmeidigkeit der Katze, den unglaublich schnellen Wechsel von konzentriertester Anspannung und völliger Entspannung. Den Körper einer Katze teilt man ein in Kopf; Hals; Rumpf mit Brust, Bauch, Becken und Schwanz; Vorhand mit Schulter, Vorderbrust, Vorderbeinen und Vorderpfoten; die Nachhand mit Kreuz, vorderem Beckenrand, Hinterbeinen und den hinteren Pfoten.
Die Abbildung auf Seite 22 zeigt Ihnen den Knochen-Bauplan der Katze.

Die Faszination des Katzenkörpers

Der »Bauplan« der Katze

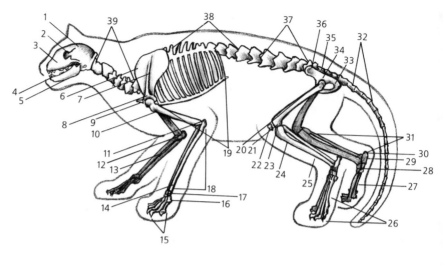

1. Hirnschädel
2. Augenhöhle
3. Gesichtsschädel
4. Gebiß
5. Unterkiefer
6. Schulterblatt
7. Schulterblattgräte
8. Schulter- oder Buggelenk
9. Brustbeinspitze
10. Oberarmbein
11. Ellenbogenhöcker
12. Ellenbogengelenk
13. Speiche
14. Elle
15. vordere Zehen
16. vorderer Mittelfußknochen
17. Vorderfußwurzelgelenk
18. Unterarm
19. Brustkorb (13 Rippen)
20. Hüftgelenk
21. Oberschenkelbein
22. Kniescheibe
23. Kniegelenk
24. Schienbein
25. Wadenbein
26. hinterer Zehenknochen
27. hintere Mittelfußknochen
28. Hinterfußwurzelgelenk
29. Fersenbein
30. Fersenbeinhöcker
31. Unterschenkel
32. Schwanzwirbel (um 29)
33. Sitzbeinhöcker
34. Beckenknochen
35. Kreuzwirbel (3)
36. Hüfthöcker
37. Lendenwirbel (7)
38. Brustwirbel (13)
39. Halswirbel (7)

Abb. 1: Knochen und Gelenke der Katze

Das Gebiß der Katze

Die Krallen und vor allem die Zähne sind an das Leben der Katze als Jäger erstaunlich gut angepaßt. Bis zum Alter von etwa acht Wochen sollte das Milchgebiß vollständig erschienen sein, im Alter von 6 bis 8 Monaten dann das bleibende Gebiß.

Das Gebiß

Das Milchgebiß enthält insgesamt 26 Zähne:
Oberkiefer (jede Seite) 3 Schneidezähne (Incisivi)
   1 Hakenzahn (Caninus)
   3 vordere Backenzähne (Prämolaren)
Unterkiefer (jede Seite) 3 Schneidezähne
   1 Hakenzahn
   2 Prämolaren

Das Dauergebiß (Abb. 2) besteht aus 30 Zähnen:
Oberkiefer (jede Seite) 3 Schneidezähne (Incisivi)
   1 Hakenzahn (Caninus)
   3 vordere Backenzähne (Prämolaren)
   1 hinterer Backzahn (Molar)
Unterkiefer (jede Seite) 3 Schneidezähne
   1 Hakenzahn
   2 vordere Backenzähne
   1 hinterer Backenzahn

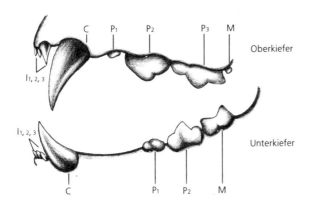

Abb. 2: Dauergebiß der Katze. Der dritte Backenzahn des Oberkiefers (P3) und des Unterkiefers (M) sind zu Reißzähnen ausgebildet.
I = Schneidezähne (Incisivi)
C = Hakenzahn (Caninus)
P = Vordere Backenzähne (Prämolaren)
M = Hinterer Backenzahn (Molar)

Der »Bauplan« der Katze

Für die wichtigsten **Körperfunktionen der gesunden Katze** gelten folgende Werte:

Pulsschläge pro Minute:	110 bis 130 – Erwachsene Katze
	120 bis 140 – Jungtier
Körpertemperatur:	38,5 bis 39,5° C
Atemzüge pro Minute:	20 bis 30

Puls fühlen

Den Puls können Sie an der Oberschenkelarterie (Arteria femoralis) an der Innenseite des Oberschenkels fühlen.

Temperatur messen

Die Körperinnentemperatur messen Sie am besten mit einem elektronischen Thermometer (das die kürzeste Meßzeit hat), eine Minute lang im After eingeführt. Ein normales Thermometer braucht 2 bis 3 Minuten, um korrekt anzuzeigen – ein Zeitraum, der vielen Katzen selbst bei größter Geduld sicher ein paar Faucher und Kratzer wert ist.

Die Atemzüge sollten Sie im Ruhezustand zählen.

Und schließlich noch ein paar nützliche Zusatz-Informationen:
– **Schwitzen** können Katzen nur an den Ballen. Sie schwitzen lediglich bei Angst oder Krankheit.
– Der kontinuierliche **Haarwechsel** erfolgt jeweils im Frühjahr und im Herbst. Zu glänzen beginnt das Haarkleid, wenn die Katzen erwachsen sind, etwa ab 6 Monaten.
– Die **rauhe Zunge** dient zur Pflege des Haarkleides und zur Flüssigkeitsaufnahme.

Vom rechten Umgang mit dem kleinen Freund

Gesicht gesträubt: die Iris weit:
ein unentschlüsselbarer Blick:
auf kleinen Pfoten läuft ein Stück
von Leben mit uns durch die Zeit.
(Günter Kunert)

Katze und Mensch – ein gleich-ungleiches Paar

Zwischen Katze und Mensch ist die Verbindung in den meisten Fällen sehr eng. Nicht ganz neu ist Ihnen möglicherweise, daß diese Bindung eine große Bedeutung für Gesundheit und Wohlbefinden des Tieres hat. Jede empfindsame Katze wird unter bewußtem strafendem »Liebesentzug« oder unbewußter Ablehnung, etwa weil Sie soviel zu tun haben, leiden. Daran oder auch an Heimweh wird sie natürlich nicht sterben. Aber die Krankheitsanfälligkeit nimmt zu, und auch sonst bewährte Medikamente zeigen möglicherweise keine Wirkung. Der Grund: Auch der Lebenswille von Katzen kann geschwächt sein. Gegen ein gestörtes Verhältnis zwischen Katze und Katzenhalter jedoch kann der Tierarzt nichts ausrichten. So gibt es bei Katzen beispielsweise eine ernst zu nehmende, seelisch bedingte Futterverweigerung. Vorübergehende Gaben von Traubenzuckerlösungen durch den Tierarzt sind dann natürlich nur eine kurzfristige Hilfe, aber nicht die Lösung des Problems. Das Katzengemüt muß wieder geheilt werden. Und dafür können nur Sie als Katzenhalter sorgen, auch wenn Sie viel-

»Liebeskummer« macht Katzen krank

Vom rechten Umgang

Eine liebevolle Beziehung ist wichtig...

leicht bei vielen anderen Krankheiten nicht selbst behandeln können, weil Ihnen Kompetenz und Wissen für Diagnose und Therapie fehlen. Nur dann, wenn Sie der Katze das Gefühl von Geborgenheit vermitteln, sie liebevoll pflegen und versorgen, wird eine Kur auch volle Wirkung zeigen. Die Zuneigung des vertrauten Menschen ist für jede Katze der wohl wichtigste Gesundheitsfaktor, zumindest, wenn sich das anfangs angesprochene Freundschaftsverhältnis entwickelt hat.

Ähnliches gilt im übrigen auch im Umkehrverhältnis: Haustiere und besonders Katzen haben einen direkten, positiven Einfluß auf unsere *eigene* Gesundheit. Der englische Arzt Dr. Matthew Manning schreibt in seinem hervorragenden Buch »Die Kunst der Selbstheilung«:*

»Wohltuend (für unsere Gesundheit) ist nicht nur die Zärtlichkeit und die Fürsorge für andere (Menschen) und uns selbst. Auch Haustiere haben einen starken Einfluß auf unsere emotionalen Zustände.

...für das Wohlbefinden von Mensch und Katze

Der Psychiater Dr. Aaron Katcher von der Universität Pennsylvania, einer der führenden Forscher der Mensch-Tier-Beziehung, entdeckte, daß sowohl beim Menschen als auch beim Tier während des Streichelns eines Tieres der Blutdruck deutlich absinkt. Zwischen 1975 und 1977 beobachtete man eine Gruppe von 92 Herzpatienten: Ein Jahr nach der Entlassung aus dem Krankenhaus waren nur 3 von 53 Haustier-Besitzern gestorben, dagegen 11 von den 39 ohne Haustiere. Der Unterschied, so Katcher, sei nicht darauf zurückzuführen, daß etwa Hunde mehr Auslauf brauchen, da es auch bei den zehn Patienten, die ein anderes Tier besaßen, keine Todesfälle gegeben hatte. Es scheint jedoch, als ob sich diese heilsame Entspannungsreaktion nur bei einem Tier einstellt, *dem man sich schon vorher eng verbunden fühlt.* Dr. Katcher glaubt, daß das Streicheln und Sprechen mit der Hauskatze oder dem Hund die Produktion von Endorphinen stimuliert – die natürlichen Schmerzmittel und Entspannungssubstanzen unseres Gehirns ... Haustiere erfüllen auch den Zweck, die Aufmerksamkeit von uns

Katze und Mensch

selbst abzulenken. Man fand heraus, daß Haustiere im allgemeinen sieben unterschiedliche Funktionen für ihre Besitzer erfüllen: (1) Gesellschaft, (2) jemanden zu umsorgen, (3) jemanden zum Berühren und Streicheln, (4) jemanden, der einen beschäftigt, (5) ein Brennpunkt für Aufmerksamkeit, (6) körperliches Training und (7) Sicherheit.

Dr. Robert Miller, ein kalifornischer Tierarzt, stellt fest: ‚Ich habe gelernt, daß es so etwas wie ein ‚Haustier' nicht gibt. Unsere Begleiter aus der Tierwelt, die wir als Haustiere bezeichnen – seien es Hunde, Katzen oder Vögel –, spielen ganz besondere Rollen im Leben ihrer Besitzer. Sie können ein Ausdruck für unser Alter Ego sein. Sie können als Totem dienen – als Symbole für das, was wir sind oder sein möchten – und als Schmuck. Sie helfen beim Rollenspiel. Und vor allem dienen sie als Ersatz: als Ersatz-Freunde, -Kinder, -Partner, -Eltern, -Diener und sogar als Ersatz-Herren.'«
*Droemer/Knaur, München 1990.

Die Bedeutung des Haustieres für den Menschen

Manning macht es deutlich: Die heilsame Wirkung von Haustieren stellt sich nur ein, wenn man »sich dem Tier eng verbunden fühlt«. Deshalb gilt – und das nicht nur für Katzen, sondern für jedes Haustier:

- Halten Sie sich nur dann Tiere, wenn Sie ihnen die notwendige und richtige Pflege und Zuwendung geben können.
- Lassen Sie sich gründlich über die Bedürfnisse, Eigenarten und Gemütsregungen Ihres Haustieres unterrichten und informieren, versuchen Sie seine »Sprache« verstehen zu lernen.
- Tiere sind kein Spielzeug, auch nicht für Kinder. Junge Tiere sind genauso hilfs- und pflegebedürftig wie Menschenkinder. Erwachsene Tiere haben ihr Eigenleben und brauchen dafür auch Raum. Haustiere sind also nicht nur zur Kurzweil und Ablenkung da, sondern als Lebensgefährten des Menschen auf Gegenseitigkeit.
- Tiere sind nicht von sich aus böse oder mißtrauisch. Sie werden es, wenn wir sie durch entsprechenden Umgang, durch Vernachlässigung, Reizen und Quälen dazu gemacht haben. (Fast wie bei uns Menschen.)

Regeln für ein harmonisches Zusammenleben

Vom rechten Umgang

- Auch Tiere lieben Abwechslung und Belohnung. Denken Sie hin und wieder daran.

Checkliste für die Anschaffung ...

Und das sollten Sie speziell wissen, bevor Sie sich eine Katze ins Haus holen, damit es keine »bösen Überraschungen« gibt:
- Rechnen Sie mit jährlichen Kosten von etwa 800 bis 1200 DM für Futter, Streu und Tierarzt.
- Auch wenn Sie Ihre Katze beizeiten an einen Kratzbaum gewöhnt haben, werden Teppiche und Polstermöbel der einen oder anderen »Strapaze« ausgesetzt sein. Bei Katzenspielen kann außerdem schon einmal etwas zu Bruch gehen.
- Eine Katze läßt sich nicht auf einen bestimmten Platz verweisen, sie wird die ganze Wohnung in Besitz nehmen. Wenn Sie Ihre Katze ständig von allen – ihrer Meinung nach – »guten« Plätzen verscheuchen, wird sie mit Verhaltensstörungen reagieren.
- Katzen lassen sich nicht »besitzen«, sie haben ihren eigenen Kopf. Wenn Sie eigentlich lieber einen Hund hätten, ihn sich aber aus Platzgründen (oder weil er soviel »Arbeit« macht) nicht halten können, werden Sie keine Freude mit einer Katze erleben, solange Sie deren Verhalten mit »Hunde-Maßstäben« messen und möglicherweise sogar unbedingten Gehorsam verlangen. Katze und Hund sind sehr verschiedene Wesen.

... damit es keine bösen Überraschungen gibt

- Wenn sich Ihr Kind unbedingt eine Katze wünscht, sollten Sie bedenken, daß letztlich Sie es sind, der die Verantwortung für das Tier wird übernehmen müssen, und nicht Ihr Kind. Katzen sind keine »Geschenkartikel« oder gar »Lehrmaterial«. Wenn Sie selbst eigentlich keine Katzen mögen, sollten Sie von einem derartigen Familienzuwachs Abstand nehmen. Die Kinder müssen aufgrund Ihrer Anleitung in der Lage sein, behutsam mit dem Tier umzugehen.
- Daß bei der Pflege der Katze auf Hygiene zu achten ist, versteht sich von selbst.

Geheimnisse der »Katzensprache«

Mit dem Schnurren zeigt uns eine Katze, ob wir in ihrer Gunst stehen oder nicht. Die ersten Schnurrlaute kann man schon bei wenige Tage alten Kätzchen während des Milchsaugens zu hören bekommen. Dieses Schnurren und das Treten mit den kleinen Pfötchen gegen den Bauch der Katzenmutter lösen den Milchfluß aus. Die Erinnerung daran bleibt den Katzen für immer im Gedächtnis. Lange noch nach der Mutter-Kind-Phase zeigen sie durch ihr Schnurr-Tret-Verhalten Wohlbefinden an und signalisieren dies dem Menschen, der sie pflegt. Schnurrend »bedankt« die Katze sich, wenn sie gekrault wird, Futter oder einen neuen, weichen Unterschlupf bekommt. Verführerisch schnurrend streicht sie uns um die Beine, um einen Leckerbissen oder Streicheleinheiten zu erschmeicheln. Oft kommt sie auch mit dem bekannten »Vorfreudeschnurren« ans Ziel. Jungkatzen schnurren, um eine ältere Katze zum Spiel aufzufordern. Eine rangüberlegene Katze schnurrt, wenn sie sich einem unterlegenen Artgenossen in spielerischer oder freundlicher Absicht nähert.

Schnurren ist ein Stimmnungsanzeiger

Nicht immer jedoch ist Schnurren ein Ausdruck von Zufriedenheit und Freundlichkeit. Im Gegenteil: Eine Katze schnurrt auch, wenn sie in den Wehen liegt oder wenn sie Schmerzen hat, weil sie verletzt oder krank ist. Auch sterbende Katzen schnurren. Auch zur Beschwichtigung, um die eigene Harmlosigkeit zu verdeutlichen, wird geschnurrt: Eine unterlegene, rangniedrigere, kranke oder sehr schwache Katze schnurrt, wenn sich ein ihr überlegenes Tier oder ein Feind nähert.

Andere Katzen-Laute sind rufend. Dazu gehört das Miauen, der fordernde Ruf, wenn Ihre Katze Hunger hat, der Ruf, mit dem eine Katze ihre Kinder zusammensucht, das sehnsüchtige Rufen während der Rolligkeit und auch die »Kampfgesänge« der Kater.

Miauen bedeutet Fordern

Wieder andere Laute zeigen Erregung an. Dazu gehören Knurren, Grollen und Fauchen – Laute, die Angriff, Abwehrverhalten oder auch Unbehagen ausdrücken. Fauchen ist eine Abwehrdrohung, ein Zeichen von Angst und Unterlegenheitsgefühlen. Und dann

Vom rechten Umgang

gibt es noch das »Schnattern«. Diese Stakkato-Laute gibt die Katze von sich, wenn sie ein schwer erreichbares Beutetier sieht. »Schnatternde« Wohnungskatzen sind bestimmt auf Fliegenjagd.

Auch erfahrene Katzenhalter werden oft von ihren Lieblingen genarrt, weil sie ihre »Sprache« nicht verstehen. Dann entstehen Mißverständnisse, und es kann schon vorkommen, daß Sie die Krallen zu spüren bekommen. Hebt eine Katze beispielsweise die Pfote, so ist dies nicht wie beim Hund ein Zeichen von Zuneigung, sondern die Vorstufe zu einer Ohrfeige.

Leicht mißzuverstehende Bedeutung hat das Schwanzwedeln: ein Ausdruck von Mißfallen bei der Katze, von Freude hingegen beim Hund.

Eindeutig freundliche Katzen-Signale sind:

Freundliche Signale

- Schnurren und »Treteln« – das Tier drückt damit besonderes Wohlbefinden aus;
- wenn sie Ihnen ihren Kopf entgegenstreckt und damit zeigt, daß sie gestreichelt werden will;
- wenn sie dem Menschen um die Beine streicht, sich an Menschenbeinen und Möbelstücken reibt, wobei der Schwanz meist hochgestellt ist.
- Ein steil erhobener Schwanz zeigt gute Laune und Unternehmungslust an.
- Hat eine Katze ihren Körper entspannt, die Ohren vorgestellt und die Augen groß und offen, drückt das erwartungsvolle Neugier aus.

Auch äußerstes Mißtrauen und Kampfbereitschaft sind leicht erkennbar:

Unfreundliche Signale

- Eine Katze, die einen Buckel macht, die Haare sträubt, Ohren und Schnurrbarthaare zurückstellt, faucht und knurrt, ist nicht mißzuverstehen. Katzen buckeln allerdings auch nach dem Schlafen, als Streckübung zum Aufwachen.
- Meistens äußert sich Mißtrauen dadurch, daß die Augen schmal werden und die Schwanzspitze sich zu bewegen beginnt und vibriert.

Katzensprache

Abb. 3: Ob aggressiv oder freundlich – Katzen zeigen deutlich ihre Stimmung.

- Auch wenn die Ohren plötzlich zu »spielen« beginnen, fühlt sich das Tier häufig gestört. Ihre Katze wird sich dann nicht viel gefallen lassen.
- Schlägt sie mit dem ganzen Schwanz, ist dies ein Ausdruck von Erregung, von Zorn oder Schmerz.
- Ist der Schwanz zu einer breiten Bürste aufgeplustert – meist begleitet von einem Buckel und gesträubten Nackenhaaren –, zeigt das Schrecken und Ratlosigkeit an. Die Katze sieht sich dann möglicherweise einem Feind gegenüber, dem sie sich nicht gewachsen fühlt, beispielsweise einem großen Hund. Versuchen Sie in diesen Fällen nicht, die Katze zu streicheln, sprechen Sie beruhigend auf sie ein. Streicheln dürfen Sie erst, wenn sich das Tier wieder abgeregt hat, sonst riskieren Sie eine nette Ohrfeige.
- Ein langsam und entspannt zuckender Schwanz dagegen signalisiert keine Feindschaft, sondern wachsende Zuneigung.
- Katzen, die mit dem Menschen in Kontakt treten wollen, zeigen eine offene Körperhaltung.

Ein Katzenschwanz kann Bände sprechen

Vom rechten Umgang

Mischen Sie sich nicht in Kämpfe ein

Raushalten sollten Sie sich, wenn Katzen untereinander kämpfen. Meist handelt es sich um Revier- und Rangfolgekämpfe, die damit enden, daß einer der beiden Kontrahenten das Weite sucht. Das Geschrei, Fauchen und Grollen gehören zum »Katzen-Geschäft« und hören sich in der Regel bedrohlicher an, als sie gemeint sind. Mischen Sie sich ein, so stören Sie empfindlich die Regeln und Rituale, mit denen Katzen ihre Rangfolge feststellen beziehungsweise ihr Revier sichern, und schieben diesen Ordnungsprozeß nur hinaus. Möglicherweise bekommen Sie auch Krallen zu spüren, denn wer nicht hören will, muß fühlen ...

Wie Sie eine Katze bekommen

Unsere hierzulande verbreitetsten Hauskatzen mit dem fachchinesischen Namen »Europäisch Kurzhaar« sind nicht schwer zu bekommen. Wer schon einmal eine Anzeige aufgab, weil er ein solches Tier suchte, hat wahrscheinlich für einige Tage sein Telefon abstellen müssen. Auch die Tierheime sind voll von unerwünschten Katzenbabys aller Mischungen.

Rassekatzen kosten je nach Art zwischen 300 und 1000 DM. Als besonders familienfreundlich gelten z. B. die großen Karthäuserkatzen. Sie sind ähnlich geduldig und anhänglich wie Hunde. Wenn Sie an speziellen Rassen interessiert sind, finden Sie im Anhang dazu einige Adressen.

Katzen brauchen Platz

Es wurde bereits gesagt, daß Katzen Platz benötigen. Wenn Sie ein allzu weiches Herz haben und dazu neigen, jeden verwahrlosten Katzenstromer aufzulesen – bedenken Sie dabei, daß Katzen Individualisten sind: Räumliche Enge ist für sie die reinste Hölle. Jeder Ihrer vierbeinigen Mitbewohner braucht ein eigenes Minirevier, tägliche Zuwendung und regelmäßige Streicheleinheiten. Wenn Sie das nicht bieten können, verzichten Sie, auch wenn es Ihnen vielleicht schwerfällt. Denken Sie auch daran, die Fruchtbarkeit Ihrer Katzen rechtzeitig zu drosseln, bevor Ihr Haushalt vor Katzen

»überquillt« und Sie nicht mehr wissen, wohin mit dem Nachwuchs. Wer gar nicht erst anfängt, »Katzen zu züchten«, braucht dann später auch nicht mit ihnen hausieren zu gehen. Bestenfalls werden Katzen in solchen Fällen ins Tierheim gebracht, oft genug aber auch einfach ausgesetzt oder umgebracht. Sollten Sie in die schreckliche Verlegenheit kommen, eine Katze töten zu müssen, etwa weil sie unheilbar krank oder verletzt ist, lassen Sie sie vom Tierarzt einschläfern. Auf keinen Fall dürfen Katzen ertränkt werden. Sie halten es lange unter Wasser aus und sterben dabei qualvoll.

Lassen Sie es nicht zu unerwünschtem Nachwuchs kommen

Jungtiere sollten nur dann aufgezogen werden, wenn man für sie schon im voraus einwandfreie und dauernde Pflegeplätze gefunden hat. Die meisten Tierheime sind zudem schon übervoll, so daß es auf alle Fälle tierfreundlicher ist, seine Katzen oder Kater kastrieren zu lassen (siehe Seite 59ff.). Die Kosten halten sich in Grenzen: für Kater etwa 70 - 95 DM, für Katzen etwa 150 - 190 DM. Können und wollen Sie aber die Bedürfnisse der Katzen erfüllen und bringen Sie dafür genug Zeit und Geduld auf, so spricht nichts dagegen, ein Pärchen oder Quartett durchs Leben zu führen. Am einfachsten ist das in der Regel mit Geschwistern. Wurfgeschwister, die miteinander aufwachsen, vertragen sich meist ein Leben lang. Sehr tolerant gegenüber Neuzugängen sind kastrierte Kater, die bei jungen Katzen manchmal sogar die Mutterstelle übernehmen und sich auch mit erwachsenen Neuankömmlingen, besonders weiblichen, leicht anfreunden.

Klar und deutlich hingegen pochen weibliche Katzen auf ihre Erstrechte, höchstens ein Jungtier wird gnädig aufgenommen, hat aber von Anfang an die zweite Geige zu spielen. Zwei erwachsene, selbstbewußte Weibchen aneinander zu gewöhnen erfordert Erfahrung und Fingerspitzengefühl, und trotzdem kann es auch dann noch passieren, daß Sie für eine der beiden einen anderen Platz suchen müssen. Grundsätzlich braucht jedes neu ins Haus genommene Tier Zeit und Gelegenheit, sich einzugewöhnen. Auch müssen Sie selbst dafür Zeit und Geduld aufbringen und selbstverständlich auch für die notwendigen Impfungen und das Ent-

Rivalitätsverhalten

Vom rechten Umgang

wurmen sorgen. Ihre Katze braucht als erstes eine Katzentoilette, zwei Näpfe für Futter und Wasser und ein Körbchen. Katzen lieben kuschelige Schlaf- und Ruheplätze, statten Sie daher das Katzenbett mit Kissen oder Decken aus. Sollten Sie das unterlassen, wird die Katze kaum dazu zu bewegen sein, das Bett anzunehmen.

Für Stubenkatzen empfiehlt sich ein Kratzbaum. Katzen lieben erhöhte Plätze, Sie können ihnen dazu – vielleicht in Verbindung mit einem Kratzbaum – Kletterhilfen anbieten. Wenn die Gefahr besteht, daß Ihre Katze von Balkon oder Fenster auf die Straße abstürzt, sollten Sie ein Netz um den Balkon herum oder außen am Fenster anbringen. Kippfenster sind für viele Katzen schon zur Falle geworden, für wenig Geld gibt es Eck-Einsätze im Fachhandel. Wohnen Sie in einem höheren Stockwerk und wollen Ihre Katze trotzdem ins Freie lassen, sorgen Sie dafür, daß sie ungehindert aus- und eingehen kann. Sie können auch eine Katzenaußentreppe anbringen. Die genannten Artikel erhalten Sie im Fachhandel, sie lassen sich aber mit ein wenig Phantasie und Geschick auch leicht selbst herstellen.

Kippfenster sind Katzenfallen

Die Erziehung eines Freigeistes

Obwohl sie ausgesprochen eigenwillige Individualisten sind, lassen sich Katzen dennoch erziehen – vorausgesetzt, man fängt früh genug damit an. Sonst werden die teuren Gardinen, die für alle Katzen verlockend sind, bald ruiniert sein. Wie bei jeder Erziehung ist Konsequenz und energisches Auftreten wichtig. Ein lautes »Nein«, verstärkt noch durch Händeklatschen, löst bei vielen Katzen eine Vollbremsung des Tatendrangs aus. Trotzdem werden viel Geduld, auch Lob und Belohnung für Ihr pädagogisches Unterfangen wichtig sein. Schlagen und nachträgliches Tadeln sind absolut verboten, sie zerstören das Vertrauensverhältnis und machen jede weitere Erziehung unmöglich. Auch Befehle und Zwang haben nicht viel Sinn. Eine harmlose, aber wirksame Strafe

Erziehung muß sein ...

Erziehung eines Freigeistes

ist etwa das Anschießen mit einer Wasserpistole mit einem gleichzeitigen »Nein«. So können Sie erreichen, daß Ihre Katze stubenrein wird, daß sie bestimmte verbotene Plätze meidet und sich nicht auf dem Tisch breitmacht. Aber auch diese Wassermethode bitte nicht im Übermaß, sonst riskieren Sie, daß Ihre Katze sich neue »Besitzer« sucht.

... aber bitte mit viel Gefühl

Katzen, die ständig in der Wohnung gehalten werden, brauchen eine Gelegenheit, ihre Krallen abzunützen. An weichem rauhem Holz, wie einer ungehobelten Packkiste, einem alten Stuhl oder einem Kratzbaum. Schaffen Sie diese erlaubten Gelegenheiten nicht, werden Ihre Möbel und Teppiche strapaziert.

Katzen haben die Gewohnheit, sich eine Art Trampelpfad durch den »Dschungel« der Wohnung zu schlagen, einen Weg, den sie regelmäßig abschreiten. Ecken und Kanten, Möbel und Gardinen werden durch Reiben, Kratzen und leider manchmal auch durch Urinieren mit ihrem Geruch »etikettiert«. Stellen Sie ihr den Kratzbaum dann einfach in den Weg. Nehmen Sie dann die Pfoten Ihrer Katze, und streichen Sie sie vorsichtig über den Baum, damit er ihren Geruch annimmt. Empfindliche Möbel können Sie in der Erziehungsphase kurzfristig mit Plastik abdecken, die Katze ekelt sich gewaltig davor. Behalten Sie den Kratzbaum, auch wenn er nicht mehr gerade den schönsten Anblick bietet. Neue Kratzbäume werden nicht leicht akzeptiert und ein alter vom Flohmarkt schon gar nicht, weil er – igitt! – den Geruch einer anderen Katze trägt!

Katzen vom Typ »Störenfried« und »Rabauke« – bevorzugt spielen sie auf der Schreibmaschine, wenn man gerade daran arbeiten muß oder befassen sich mit beweglichen Objekten, je teurer, desto besser – buhlen wie kleine Kinder um Aufmerksamkeit. Spielen Sie mit ihnen ein wenig, sorgen Sie für Spielzeug, leere Schachteln und dergleichen, oder sperren Sie sie in ein eigenes Zimmer, wenn Sie gerade nicht aufpassen können.

Nehmen Sie sich Zeit für Katzenspiele

Gegen ein »Bratkartoffelverhältnis« mit Nachbarn ist nicht viel zu sagen, außer daß Sie dann das Futter ein wenig reduzieren sollten. Einschreiten müssen Sie aber, wenn es Ärger mit den Nachbarn

Vom rechten Umgang

Erlaubte Erziehungsmaßnahmen

gibt – etwa wegen aufgewühlter Blumenbeete. Entweder schränken Sie den Freilauf Ihrer Katze durch ein katzensicher eingezäuntes Gehege, Garten oder Balkon ein, oder – weit besser – Sie verbünden sich mit dem betroffenen Nachbarn. Gute, abschreckende Dienste tut eine kleine Dusche mit dem Gartenschlauch, wann immer die Katze bei unerlaubtem Treiben erwischt wird. Katzen, die Besucher jedesmal kratzen oder beißen, können Sie besänftigen, indem Sie Ihrem Besucher Rasierwasser oder Parfüm anbieten. Für uns angenehm, für Katzennasen aber unausstehlich. Mahlzeiten am und vor allem auf dem Tisch sind tabu. Naschkatzen wird das klar, wenn Sie sie jedesmal energisch runtersetzen. Genauso kann man mit einem lästigen Besuch im Bett verfahren. Hilft geduldiges Hinuntersetzen nichts, bleibt nur: Katze raus, Tür zu.

Wenn Ihre Katze nichts mehr liebt, als Ihre Zimmerpflanzen anzuknabbern, hilft auch hier nur Konsequenz, eine »kalte Dusche« und, besonders wichtig, ein Ersatz. Katzen benötigen Gras, weil es ihnen das notwendige Erbrechen von Tierresten und Haaren, die bei der täglichen Putzarbeit verschluckt wurden, erleichtert. Beides

Grasfressen ist gesundheitswichtig

kann nicht verdaut werden. Aber auch als verdauungsbegleitender Ballaststoff und zur zusätzlichen Vitamin- und Mineralstoffversorgung dient das Grasfressen. »Katzengras« erhalten Sie in jeder Tierhandlung, aber auch Papyrus ist bei Katzen sehr beliebt. Einige Zimmer- und Gartenpflanzen sind giftig, achten Sie darauf. Eine Liste finden Sie im Kapitel Vergiftungen (siehe Seite 153).

Und noch etwas: Katzen als Beifahrer im Auto sind nicht ungefährlich, benutzen Sie deshalb einen verschließbaren Tragekorb. Dieser sollte ohnehin zu Ihrem festen Katzeninventar gehören.

Wenn Ihre Katze verschwunden ist

Sie haben sich rührend um die Katze der Nachbarin gekümmert. Nur einmal blieb die Tür angelehnt – husch, war die Mieze weg.

Wenn Ihre Katze verschwunden ist

Oder schlimmer noch: Auf dem Autobahnparkplatz sollte Murr schnell sein Geschäftchen machen. Statt dessen schlug er sich in die Büsche und war verschwunden. Oder im Ferienhaus hatte jemand ein Fenster offen gelassen. Bei der Rückkehr vom Strand war der Platz der Katze leer.

In solchen Situationen ist es wichtig, kühlen Kopf zu bewahren: Denn die Chancen zum Einfangen sind gut! Wissen um kätzisches Verhalten wird Sie auf den richtigen Weg führen.

Falls Sie keinen unverbesserlichen Streuner zu Hause haben, können Sie mit fast 100%iger Sicherheit davon ausgehen, daß sich Ihre Katze irgendwo im Umkreis von 500 Metern aufhält. Selbst wenn sie durch fremde Menschen, Hunde oder Autos in Panik versetzt worden ist, läuft eine Katze immer nur bis zum nächsten erreichbaren Unterschlupf, wo sie sich »unsichtbar« machen kann.

Ausreißer sind zumeist in der Nähe

Verängstigte oder verletzte Katzen melden sich jedoch nicht, wenn sie gerufen werden. Jedenfalls nicht, wenn sie neben ihrem vertrauten Menschen noch zuviel Fremde oder anderes Beängstigendes wahrnehmen. Es kann Ihnen also passieren, daß Sie zwei Meter neben dem Versteck Ihrer Katze suchen und daß diese sich aus Angst nicht verrät. Deshalb müssen Sie in den 500 Metern Umkreis buchstäblich jeden Stein selbst umdrehen, unter jeden Busch schauen, jeden Kellerschacht, jede Garage untersuchen.

Wenn es dann Nacht wird und die Tagesgeräusche verstummen, gehen Sie nochmal los. Jetzt haben Sie die beste Chance, daß die Katze sich aus ihrem Versteck heraustraut. Gehen Sie etwa zehn Meter, rufen Sie den vertrauten Namen, und bleiben Sie ein, zwei Minuten lauschend stehen, bevor Sie wieder etwa zehn Meter weitergehen, wieder rufen …

Suchen Sie aber auch Haus, Wohnung und die nähere Umgebung ab: Schon manche verzweifelte Familie hat suchend ganze Waldstücke förmlich »umgedreht«: Abends glimmten dann zwei grüne Augen unter dem Bett!

Zuerst die Wohnung absuchen

Die Katze ist ein Höhlenflüchter. Beginnen Sie die Suche also neben dem Schlafkörbchen. Unter dem Bett, auf, unter und in Schränken, unter der Treppe, hinter der Heizungsverkleidung usw.

Vom rechten Umgang

Wenn die Suche im Haus/Hotel ergebnislos verlaufen sollte, dehnen Sie Ihre Aktion auf die engste Umgebung aus, auch auf Baumkronen. Beruhigendes Rufen ist dabei von Nutzen.

Ein Wettlauf führt nicht zum Ziel

Wenn Sie sie entdeckt haben oder der Flüchtling in Sichtkontakt blieb, sollten Sie stehenbleiben. Katzen mögen keine Wettläufe. Läßt man ihnen einen beruhigenden Vorsprung, so werden sie bald verharren und einen Schlupfwinkel aufsuchen. Das kann ein Busch sein, eine Mauernische, alles, was etwas Geborgenheit gibt. Ausnahmsweise führen jetzt Umwege direkt zum Ziel. Katzen sind klug und sehr lernfähig. Gewisse angeborene Verhaltensweisen legen sie aber nicht ab. Ein Versuch: Blicken Sie der vertrauten Katze starr in die Augen, und gehen Sie rasch auf sie zu. Sie wird flüchten oder in auswegloser Lage fauchend angreifen. Beachten Sie dieses Verhalten bei der Entdeckung der geflüchteten Katze.

Blicken Sie bewußt auf einen Punkt, etwa 3 m neben der kauernden Katze. Darauf wird bedächtig schlendernd zugegangen. Von dort – nun schon etwas näher gekommen – visiert man wiederum etwa 1 m an der Katze vorbei und geht beiläufig auf diesen Punkt zu. Sanft plaudernd wird der Kontakt mit dem ängstlichen Flüchtling aufgenommen. Blicken Sie aber nicht direkt in die Katzenaugen. Ohne jede Hast – das erfordert zugegebenermaßen eine Menge Nervenstärke! – tasten Sie sich mit der Hand heran, streicheln erst ruhig den Rücken und nehmen erst dann die jetzt offensichtlich erleichterte Katze auf den Arm.

Der Raffiniertere wird Sieger

Wenn sie sich diesem Fangversuch entzieht oder schon ab etwa 2 - 3 m Nähe wegschleicht, gibt es eine Variante.

Sie stellen die – hoffentlich vorhandene – Schlaf-/Transportmöglichkeit sichtbar vor der Katze ab. Sachte wird sie darauf zugetrieben. Meist schlüpft das verängstigte Tier dann hinein.

Die Technik des »Danebenblickens« ist auch entscheidend wichtig, wenn Sie der Katze auf einem Baum nachklettern. Sonst flieht sie auf immer dünnere Äste und bringt sich und auch Sie in Gefahr. Für den Fall, daß Ihre Katze länger als 1 oder 2 Tage verschwunden sein sollte, finden Sie nachfolgend einige nützliche Hinweise.

Wenn Ihre Katze verschwunden ist

- Lassen Sie Ihrer Katze vorsorglich vom Tierarzt eine Kennummer eintätowieren bzw. sie mit einem programmierten Mikro-Chip ausrüsten. Diese Kennummer können Sie dann beim Deutschen Tierschutzbund kostenlos registrieren lassen.
- Legen Sie zu den Papieren Fotos, mit deren Hilfe jeder Ihr Tier identifizieren kann.
- Nehmen Sie die Stimme Ihrer Katze auf Tonband auf. Sehr ängstliche Katzen antworten eher ihrer eigenen Bandstimme als einem Menschen.
- Ihr erster Anruf bei der Katzen-Suche sollte dem Tierschutzverein gelten. Bei ihm werden oft gefundene Tiere abgegeben oder gemeldet. Informieren Sie alle Stellen, bei denen die Katzenkennzeichen gemeldet sind.
- Hängen Sie in der näheren Umgebung, an Bushaltestellen, Supermärkten usw. Suchanzeigen aus; evtl. mit Belohnungsangaben.
- Sprechen Sie möglichst viele Nachbarn persönlich an. Bitten Sie um Such-Hilfe in Garagen, Kellern oder Gartenschuppen.
- Rufen Sie Tierärzte bzw. Tierkliniken in der Umgebung an, ob Ihre Katze dort eingeliefert wurde. Hängen Sie auch dort Zettel aus.
- Befragen Sie Zeitungsausträger, Busfahrer und andere Frühaufsteher.
- Auch Ihr Briefträger kann eine gute Informationsquelle sein!
- Fragen Sie beim zuständigen Förster an, ob er die Katze gesehen hat. Bitten Sie um Nachsicht, falls sie ihm in »seinem« Revier über den Weg läuft.
- Veranlassen Sie beim lokalen Radiosender eine Suchdurchsage, und geben Sie eine Anzeige in der Lokal-Zeitung auf.
- Gehen Sie zu Ihrem Polizeirevier. Falls Ihre Katze überfahren wurde, weiß man es dort vielleicht. Rufen Sie zusätzlich die Tierkörperverwertung an.
- Suchen Sie ortsbekannte »Katzen-Mütter« auf. Sie »retten« manchmal Tiere und behalten sie dann oft bei sich.

Grundsätzlich sollten Sie alles tun, um Ihrer Katze ein Streunerschicksal zu ersparen. Es gibt schon genug herrenlose Katzen.

Tips und Tricks…

…wie Sie Ihren Liebling wiederfinden

Keine Probleme beim Umzug

Wenn Sie einige einfache Regeln beachten, dürfte es beim Umzug mit dem Eingewöhnen Ihrer Katze im neuen Heim keinerlei Schwierigkeiten geben. Wenn Sie eine junge oder auch erwachsene Katze übernommen haben, füttern und behandeln Sie sie die erste Zeit besonders liebevoll, damit sie sich bald zuhause fühlt. Lassen Sie die Katze erst nach dieser Eingewöhnungszeit ins Freie, und achten Sie bis dahin darauf, daß sie nicht durch eine offene Wohnungstür oder ein offenes Fenster entweicht.

Besondere Zuwendung nach dem Umzug

Vergessen Sie, daß Katzen manchmal mehr an ihrer Umgebung zu hängen scheinen als an ihrer menschlichen Familie. Eine echte Familien-Katze macht lieber zehn Umzüge mit, als einmal allein zurückzubleiben.

Bei den Umzugsvorbereitungen haben Sie sicher einen interessierten Beobachter: Ihre Katze. Offene Schränke und Kisten sind für sie eine aufregende Verlockung. Achten Sie deshalb darauf, sie nicht irgendwo versehentlich mit einzupacken!

Ängstliche Tiere brauchen in der Umzugszeit viel Zuwendung. Nehmen Sie sich Zeit für Ihre Katze, versuchen Sie, die täglichen Rituale einzuhalten, verwöhnen Sie Ihr Tier ruhig ein wenig.

Haben Sie gute Freunde, die Ihrer Katze vertraut sind und bei denen sie sich wohl fühlt? Dann schicken Sie Ihren Liebling doch einfach dorthin in Umzugsferien, bis der größte Trubel vorbei ist. Wenn die Möbelpacker anrücken, hat Mieze absolutes Hausverbot. Setzen Sie die Katze mit ihrem Kuschelkissen und ihrem Lieblingsfutter, mit Wasser, Spielzeug und Klokiste ins Bad oder ein

Umzugsurlaub bei Freunden oder kurzfristiger Stubenarrest

anderes ruhiges Zimmer, und schließen Sie die Tür ab. Auch wenn Ihre Katze sich darüber bitter und lautstark beschwert, bleiben Sie hart. Raus aus der Wohnung oder dem Haus darf Mieze in solchen Zeiten nur sicher verpackt im Reisekorb. Und natürlich fährt sie mit Ihnen zusammen ins neue Heim und nicht etwa in fremder Begleitung.

In der neuen Wohnung geht alles genau umgekehrt: Die Katze kommt zunächst ins Bad, wird wieder zur eigenen Sicherheit ein-

Die Katze tragen

geschlossen und darf erst wieder heraus, wenn alle Möbelpacker und Helfer gegangen und Türen und Fenster geschlossen sind. Auch freien Auslauf gewohnte Katzen sollten in der neuen Umgebung erst einmal mindestens eine Woche zu Hause bleiben, um sich richtig eingewöhnen zu können. Bei den ersten zaghaften Ausflügen sollten Sie in der Nähe sein, um so Sicherheit und Vertrauen zu geben.

Eine Woche Eingewöhnungszeit

Katzen schlüpfen, wie bereits erwähnt, sehr gerne in Schränke. Sehen Sie daher immer dann, wenn Sie Ihre Wohnung verlassen, nach, wo sie sich befindet. Oft sind Katzen schon in verschiedensten Behältern erstickt, oder sie haben vor lauter Angst im unfreiwilligen »Gefängnis« zerstörerisch gehaust.

Wenn Sie Ihre Katze einmal tragen müssen

Der Gang zum Tierarzt und die kurze Reise mit der Katze – sie können manchmal zu einem kleinen Abenteuer werden, verbunden mit Bissen und Kratzern, mit einem Verlust von Nervenkraft auf beiden Seiten, denn man muß das Tier fangen, aufheben und katzengerecht transportieren.

Einfangen: Die meisten Katzen sind ruhig und lassen sich willig aufheben, aber was tun, wenn nicht? Für das Einfangen gelten im Grunde die gleichen Regeln wie bei der Hatz nach einem kleinen Ausreißer. Vorsichtige Annäherung, ruhige Worte, Streicheln, und dann ein entschlossener Griff unter die Brust, um sie hochzuheben. Gelingt das nicht, werfen Sie am besten eine kleine Wolldecke oder ein Handtuch über die Katze, wickeln Sie sie schnell ein, und heben Sie das Bündel auf. Manchmal ist es keine schlechte Idee, sich mit stabilen Handschuhen zu bewehren.

Manchmal hilft ein Handtuch

Festhalten: Schulter- und Brustgriff eignen sich besonders zum Festhalten. Beim Schultergriff wird der Brustkorb des Tieres von

Vom rechten Umgang

Fest im Griff

hinten und seitlich mit beiden Händen so umfaßt, daß beide Daumen auf dem Rücken und die Zeigefinger eng arn Hals anliegen. Die »Oberarme« der Katze nehmen Sie zwischen Zeige- und Mittelfinger. Die übrigen Finger umschließen unten das Brustbein. Meist lassen sich die Katzen diesen Griff ruhig gefallen und empfinden ihn nicht als Zwang.

Beim Brustgriff läßt man die Hand langsam über die seitliche Brust zur Unterbrust unter dem Kopf wandern und hebt das Tier hoch, wobei die andere Hand das Hinterende des Körpers stützend umfaßt.

Abb. 4: Den Brustgriff, sanft aber fest, empfindet Ihre Katze nicht als Zwang.

Der Transportkorb ist unerläßlich

Transport: Eine Katze zu transportieren bedeutet, einem »Freigeist« einen freien Willen – nämlich den Ihren – aufzwingen. Zumindest sieht es die Katze so. Sie wird deshalb rasch Ausschau nach möglichen Fluchtwegen halten. Am besten eignet sich deshalb ein kleiner Transport- oder Wäschekorb mit Deckel, beides aus stabilem Rohrgeflecht. Zoohandlungen bieten eine kleine Palette von Kisten und Körben an, die für alle Beförderungszwecke geeignet sind.

Ein Tip: Gewöhnen Sie Ihre Katze zur Beruhigung schon eine oder zwei Stunden vor dem Transport an ihr vorübergehendes Mini-Appartement, bzw. lassen Sie den Korb ständig als einen der Rückzugsplätze in der Wohnung offen stehen.

Was Ihre Katze braucht, wenn Sie im Urlaub sind

Sie müssen ja nicht dieselbe Methode anwenden wie eine Katzenfreundin aus meinem Bekanntenkreis: Das Problem »Wohin mit Mieze im Urlaub?« löst sie nämlich auf einfache Weise. Sie ist seit zehn Jahren nicht mehr in Urlaub gefahren.

Sicher, es soll Katzen geben, die das Reisen lieben oder zumindest ohne sichtbare Nervenbelastung über sich ergehen lassen. Ich habe jedoch noch keine kennengelernt. Trotz aller Anhänglichkeit an den Menschen bleiben sie im allgemeinen lieber im heimischen und vertrauten Revier.

Katzen sind Reisemuffel

Hier ein paar Tips, wie Sie Urlaub machen können, mit oder ohne Ihre Katze, und dabei das Verhältnis zu ihr und Ihre eigene Gemütsverfassung nicht über Gebühr strapazieren.

Die Katze hütet das Haus: Das ist die beste aller guten Lösungen, vorausgesetzt, es gelingt Ihnen, sie von einer ihr vertrauten Person dort versorgen zu lassen. Gewohntes Futter, gewohnte Umgebung, frisches Wasser, sauberes Katzenklo, ein wenig Schmusen und Spielen – all das fügt sich zu einer runden Sache für die Katze und damit auch für Sie.

Urlaubsbetreuung auf Gegenseitigkeit Ihres Lieblings bietet der
Cat Sitter Club (Zentrale)
Grafenberger Allee 147
4000 Düsseldorf 1
Telefon: (0211) 663206
Er hat Zweigstellen in vielen Städten, vielleicht auch in Ihrer Nähe.

Katzen-Sitter

Vom rechten Umgang

Die Katze im Tierheim: Dies ist deshalb nur die zweitbeste Lösung, weil man die Qualität eines Tierheims, geschweige denn die Liebe, mit der die Tiere versorgt werden, schlecht beurteilen kann. Am besten, man versucht, von den Erfahrungen anderer Katzenbesitzer zu profitieren, und fragt so lange herum, bis man sich sicher sein kann, eine gute »Adresse« entdeckt zu haben. Geben Sie das Schlafkörbchen mit ungereinigtem Ruhepolster (wegen des vertrauten Geruchs) und Lieblingsspielzeuge mit. Trotz bester Pflege werden Sie sich hinterher eine Zeitlang intensiv um Ihre Katze kümmern müssen, denn ihre Psyche wird ein wenig angeknackst sein.

Achtung – angeknackste Katzenpsyche!

Auto- und Bahnfahrten: Katzen wissen, wie lange eine Autofahrt zu dauern hat: halb so lang, wie der Mensch glaubt. Sie müssen deshalb Pausen machen und dabei das Tier an die Leine legen. Im Auto gehört die Katze in ein festes und ausbruchsicheres Behältnis (ebenso bei Bahnfahrten), und zwar im Innenraum, niemals im Kofferraum!

Flugreisen: Sie sind eine Tortur für jede Katze. Die Fluggesellschaften verpacken sie in ein spezielles Behältnis, fremde Geräusche und Gerüche, Luftdruckwechsel und Dunkelheit verstören die Tiere. Eventuelle vorher zu verabreichende Beruhigungsmittel tun da gute Dienste, aber sie sollten vorher ausprobiert werden, da sie unterschiedlich wirken. Der Tierarzt kann Ihnen hier Tips geben.

Auslandsreisen: Wenn Sie eine Auslandsreise planen, sollten Sie zum Amtstierarzt gehen. Er kann Ihnen die neuesten Impf- und Quarantänebestimmungen Ihres Ziellandes sagen.

Wenn Sie im Urlaub sind

Müssen oder wollen Sie Ihre Katze in den Urlaub mitnehmen, hier zum Abschluß eine kleine Checkliste:

Bei der Urlaubsbuchung:
- Darf die Katze im Flugzeug/auf dem Schiff mit? In der Kabine, im Gepäckraum? (klimatisiert, schallisoliert?) Wie wird sie versorgt (Wasser, Katzentoilette)?
- Impfen lassen (rechtzeitig!)
- Ticket und Platzkarte besorgen
- Transportkorb organisieren
- Evtl. Probefahrt mit Auto oder: Cat-Sitter

Urlaubs-Checkliste...

Am Tag vor der Reise:
- Wenig füttern
- Transportkorb vorbereiten (zugänglich bereitstellen)
- Katze nachts nicht hinauslassen

Am Reisetag:
- Zu trinken geben
- Nicht füttern
- Halsband oder Geschirr anlegen
  (mit Heimat- und Urlaubsadresse)
- Katze 1/2 Stunde vor Reisebeginn in den Korb setzen
- Katzenkorb rutschfest,
  zugfrei und wohltemperiert unterbringen

Das sollten Sie griffbereit halten:
- Impfpaß
- Katzenpaß
- Führleine
- Trinkwasser (Kühltasche)
- Wassernapf
- Katzentoilette
- Katzenstreu

...von A – Z

Vom rechten Umgang

Im Gepäck:
- Futternapf
- Futter für mindestens drei Tage, eventuell für die gesamte Urlaubszeit
- Dosenöffner
- Löffel oder Gabel
- Katzenstreu
- Reinigungsmittel und -geräte für die Toilette
- Schlafkörbchen
- Decke
- Spielzeug
- Zusatzfutter (Vitamine)
- Medikamente – Hausapotheke
- Insektenhalsband
- Ungeziefermittel
- Desinfektions- und geruchsbindendes Mittel
- Das Buch, das Sie gerade lesen

Dieses Buch solten Sie im Gepäck haben

Richtige Pflege – die beste Krankheitsvorbeugung

Meine Katze
ist das Denkmal einer Katze.
Das Denkmal einer Katze
müßte so sein
wie meine Katze.
Manchmal gehe ich ganz nah
an sie heran
und lausche
ob sie noch atmet
(Horst Bienek)

Basis der täglichen Pflege

Die beste Vorbeugungsmaßnahme vor Krankheiten ist eine regelmäßige Pflege, die Sie sich zur Routine machen sollten. Aber nicht nur für die Katze wächst das Krankheitsrisiko, wenn sie vernachlässigt wird. Zu Recht befürchten Eltern ein Gesundheitsrisiko für ihre Kinder durch zu engen Kontakt mit einem Tier. Tatsächlich sind heute weltweit 200 Krankheiten bekannt, die vom Tier auf den Menschen übertragen werden können, die sogenannten *Zooanthroponosen*.
Bei richtiger Haltung, ausreichender Gesundheitsvorsorge für das Tier und Beachtung der Hygiene-Grundregeln ist die Gefahr für den Tierhalter jedoch sehr gering. Das sind die wichtigsten Maßnahmen bei Katzen:
• Regelmäßige Entwurmung, Untersuchung auf Parasiten und Schutzimpfungen.

Hygiene ist unerläßlich

Richtige Pflege

Was Sie im Auge behalten müssen

- Verhalten, Verdauung, Haut, Haare und Augen beobachten. Bei Krankheitsverdacht gleich zum Tierarzt.
- Tiere nicht mit rohem Fleisch füttern (da es eventuell mit Erregern von Toxoplasmose, Salmonellose etc. verseucht ist).
- Käfige, Katzenklo und Körbchen regelmäßig reinigen und öfters heiß abwaschen. Berührung mit Kot und Streu vermeiden.
- Auch wenn's schwerfällt: Wer ganz sicher gehen will, sollte nicht zu engen körperlichen Kontakt mit seinem Liebling üben. »Küßchen« sind tabu! Ein Platz im Bett allenfalls am Fußende (woran sich das Tier aber wahrscheinlich nicht unbedingt hält!).

Für die Katzentoilette, als Freß- und Trinknapf sollten Sie Behälter aus Plastik, Email oder Zinkblech benutzen. Sie sind hygienischer und lassen sich leichter reinigen als beispielsweise Holz oder Karton.

Katzen sind Ordnungsfanatiker

Freß- und Trinknapf sollten standfest sein und ihren festen Platz haben. Katzen lieben es, wenn alles seine Ordnung hat.

Streuen Sie genug Katzenstreu, Sägemehl, Sand oder Torf in die Toilette. Katzen haben die Angewohnheit, ihren Kot zu verscharren; lassen Sie Ihrem Tier diese Möglichkeit. Katzenstreu, die aus kleinen Steinchen besteht, bindet Gerüche am besten. Die Toilette sollte regelmäßig und je nach Bedarf, aber mindestens einmal täglich gereinigt werden. Lassen Sie Ihre Katze einmal allein, stellen Sie eine zweite Toilette bereit. Stellen Sie die Toilette an einem leicht erreichbaren, aber ungestörten Platz auf.

Schützen Sie das Lager der Katze vor Zugluft und kaltem Boden, und säubern Sie es regelmäßig. Achten Sie darauf, daß es tief und groß genug ist, so daß sie bequem liegen kann.

Katzenkosmetik als Belohnungsritual

Zur Katzenpflege gehört auch das Bürsten. Kurzhaarkatzen kann man, Langhaarkatzen muß man regelmäßig kämmen und bürsten! Dieses Tun sollte jedoch beiden Seiten Spaß machen. Wenn Ihre Katze krank ist, sind manchmal Zwangsmaßnahmen unvermeidlich, aber die regelmäßige Körperpflege sollte die Katze als eine Art Belohnung auffassen.

Überpflege kommt häufig vor, ist aber für das Tier nur belastend. Regelmäßige Bäder, ständiges Ohrputzen, Augenwischen und

Tägliche Pflege

Krallenkürzen sind überflüssig und meist nur ein Zeichen dafür, daß man die Katze als ein »Steinchen in der *eigenen* Krone« betrachtet. Lassen Sie vor allem die oft geübte Manier des Krallenkürzens. Wenn Sie derart wertvolles Mobiliar haben, daß es keine Strapazen aushält, ist eine Katze ohnehin nicht das geeignete Haustier.

Vor Krallenkürzen wird gewarnt

Kämmen: Beim täglichen Kämmen von Langhaarkatzen (vom Kopf über den Rücken, dann Brust und Hinterbeine und zuletzt Bauch und Achseln) auf Hautveränderungen, Verletzungen, Haarknoten, bei Katzen mit Auslauf auch auf Parasiten wie Flöhe und Zecken achten und wenn nötig behandeln (jedoch keine dramatischen Vernichtungsaktionen bei einem einzelnen verirrten Floh!). Der ideale Kamm ist aus Metall mit Holzgriff, ohne scharfe Zinken und liegt gut in der Hand.

Beobachten Sie die Katzenhaut

Bürsten: Einmal wöchentlich, während des Fellwechsels im Frühjahr täglich, die Katze nach dem Kämmen gründlich bürsten. Entweder mit einer Drahtbürste, einem speziellen Noppenhandschuh oder einer Bürste mit festen Naturborsten. Eine Hand bürstet die Katze, die andere Hand machen Sie naß und streichen damit fest über das Fell. (Katzenhaare auf Polstermöbeln und Kleidern kann man ohne Probleme mit einer feuchtweichen Bürste, einem Gummischwamm oder einem Flusenroller entfernen.)
Versäumt man bei langhaarigen Katzen die regelmäßige Fellpflege, bilden sich besonders am Hals, unter den Achseln und an den Hinterbeinen verfilzte Haarknoten. Nehmen Sie dann die verfilzte Stelle zwischen Daumen und Zeigefinger beider Hände, und zupfen Sie sie auseinander. Wenn das nicht hilft, muß die Schere (vorsichtig!) zum Zuge kommen. In besonders schweren Fällen muß der Tierarzt helfen.

Regelmäßige Fellpflege

Augenpflege: Perserkatzen haben oft tränende Augen, da ihre Tränenkanäle verengt und deshalb schnell verstopft sind. Dieses Sekret muß regelmäßig mit einem sauberen Tuch entfernt werden, sonst bilden sich dunkle Krusten, die nur mit einem angefeuch-

Richtige Pflege

teten Tuch (Kamillentee, Spezialtropfen) aufgewischt und beseitigt werden können. Dabei gleich auch die Nasenwinkel säubern.

Ohrenpflege: Tritt Ohrenschmalz in der äußeren Ohrmuschel auf, so reiben Sie es vorsichtig mit einem Tuch aus, stärkere Verschmutzungen mit einem feuchten Wattestäbchen (Kamillentee, Spezialtropfen). Auf keinen Fall sollten Sie im inneren Ohr herumbohren!

Das Ohrinnere ist tabu!

Kratzt sich ein Tier ständig, hält den Kopf schief und finden sich dunkle »Krümel« im Ohr, deutet dies auf Ohrmilben hin, die behandelt werden müssen (Siehe Seite 100).

Was es mit der »Katzenwäsche« auf sich hat

Mit wenigen Ausnahmen sind alle Katzen wasserscheu. Daß sie deswegen unreinlich sind, kann niemand behaupten, der einmal dem sorgfältigen und gründlichen Putzritual seines Lieblings in Ruhe zugesehen hat.

Schon im zarten Alter von sechs Wochen beherrschen die jungen Katzen das Putz-Geschäft perfekt. Ihre Werkzeuge: als Bürste eine mit biegsamen Dornen besetzte Zunge, scharfe Schneidezähne zum Herausknabbern von Filzbüscheln, Schuppen oder Schmutz und Vorderpfoten zur Verteilung des reinigenden Speichels.

Katzen sind Reinlichkeitsfanatiker

Das Putzschema ist immer das gleiche: Mit angefeuchteten Lippen schleckt sich die Katze die Vorderpfoten feucht. Damit wird dann der ganze Körper bearbeitet. Neben dem Reinigungseffekt wird das Fell geschmeidig gehalten, um seine Funktion als Wärme- und Nässeschutz nicht zu verlieren. Da Katzen nicht schwitzen und somit durch Verdunstungskälte nicht abkühlen können, hilft der Speichel, denselben Effekt zu erzielen. Manchmal ist das Putzen auch ein Zeichen für Streß, eine Art »Verdrängungswäsche«. Nur wenn Katzen ernstlich krank sind, machen sie manchmal Pause mit ihrem Ritual.

Ernährung

Die Ernährung der Katze

Ernste Störungen durch falsche Ernährung finden sich meiner Erfahrung nach meist nur bei gepflegten und geliebten Katzen. Widerwillig im Haushalt geduldete Tiere und Streuner haben unter Ernährungsfehlern kaum zu leiden. Und das natürliche Wissen der Katze nützt ihr leider wenig, wenn ihr Besitzer die Mahlzeiten auf liebevoll verabreichte Marzipankugeln und ausschließlich mageres Fleisch beschränkt. Auch bei Vernachlässigung und ständig gefülltem Freßnapf setzt sich schnell »Kummerspeck« an.

Liebe geht nicht immer durch den Magen

Bei der Frage: »Welches Futter für meine Katze?« wird häufig vergessen, daß sie von wilden Vorfahren abstammt, die nicht nur mageres Fleisch, sondern »ganze Tiere« fraßen. Dadurch erhielten sie neben Muskelfleisch auch das Kalzium aus den Knochen, Natrium aus dem Blut, fett- und wasserlösliche Vitamine, essentielle Fettsäuren und Unverdauliches als wichtige Ballaststoffe. Eine gut gemeinte, aber zufällig zusammengestellte Nahrung kann manchmal sehr unausgewogen sein. Katzen brauchen ein Futter, das energie- und eiweißreich ist und sie mit genügend Vitaminen und Mineralstoffen versorgt. Sie brauchen mehr als doppelt soviel Eiweiß wie wir Menschen und entsprechend weniger Fett und Kohlenhydrate. Damit dürfte klar sein, daß Katzennahrung anders zusammengesetzt sein muß als Menschennahrung. Mit Tischresten werden Sie Ihre Katze nicht ausreichend ernähren können. Die Qualität des Eiweißes hängt von seiner Verdaulichkeit und der Aminosäurenzusammensetzung ab: In den meisten Fällen ist tierisches Eiweiß höherwertig.

Sie müssen auch beachten, daß Katzen sehr leicht zu »Nahrungsspezialisten« werden. Das bedeutet, daß sie sich an eine bestimmte Nahrung gewöhnen, beispielsweise an eine bestimmte Fertigfutter-Marke, und dann jede andere Nahrung als die gewohnte verschmähen. Dieser Gewöhnungseffekt wird durch die der Fertignahrung beigegebenen Geschmacksstoffe verstärkt. Das können Sie vermeiden, wenn Sie Ihre Katze schon von klein auf an abwechslungsreiche Nahrung gewöhnen. Nach der amerika-

Von Leckermäulern und Gewohnheitstieren

Richtige Pflege

Was der Katzenkörper täglich braucht

nischen Tierärztin Scott sollte trockene Nahrung mindestens 21 % Protein enthalten (für Katzenwelpen 33 %). Bei einem durchschnittlichen Wassergehalt der Nahrung von 70 % sollten Katzen täglich mindestens 5 Gramm Protein pro Kilogramm Körpergewicht erhalten. Der Fettanteil der Nahrung sollte sich in dem Bereich von 15 bis 40 % des Trockengewichts bewegen, aber nicht zu reich sein an flüchtigen ungesättigten Fettsäuren, die in schnell ranzig werdenden Ölen und im Fisch enthalten sind und die sogenannte Gelbfettkrankheit hervorrufen können. Die Beigabe von Vitamin E verringert dieses Risiko.

Kohlenhydrate braucht die Katze nicht unbedingt. Gekochten Reis, gekochte Kartoffeln oder Mehl kann sie jedoch bis zu einem Anteil von 50 % des Nahrungstrockengewichtes verwerten. Gegen

Milch ist kein Getränk!

Milchfütterung ist nichts einzuwenden, Milch ist allerdings als Nahrungsmittel und nicht als Getränk einzustufen. Zudem wird sie oft nicht vertragen und führt zu Durchfall.

Täglich sollten Sie Ihrer Katze frisches Trinkwasser bieten, am besten in Zimmertemperatur.

Rohes Fleisch (wenn überhaupt, dann nur vom Metzger!) verfüttern Sie am besten kleingeschnitten, mit möglichen Zugaben: Quark, rohe Haferflocken, Grütze, gekochtes Gemüse, Grießbrei, Reis, Teigwaren in dem Saft von gekochtem Fleisch oder Fisch ohne Gräten. Auch ein Ei pro Woche schadet nicht. Meist empfiehlt es sich, einige Hefeflocken in das Essen zu mischen (Vitamin B) sowie etwas Lebertran (Vitamin D). Füttern Sie keine stark schmeckenden

Vor Gewürzen wird gewarnt

und gewürzten Speisen, beispielsweise Geräuchertes oder Käse. Käse kann Hautausschläge verursachen. Geben Sie auch keine Wursthäute, sie sind oft künstlich und unverdaulich. Unverdaulich sind auch die Knochen von Geflügel und Kaninchen sowie Fischgräten.

Ideal und relativ preisgünstig ist kleingeschnittenes Herz oder Rindfleisch, das ohne Salz mit Haferflocken oder anderen oben genannten Zutaten in Wasser halbgar gekocht wird. Haferflocken nehmen den Fleischgeschmack an und werden dann gerne mitgegessen. Sie können auch rohes Hackfleisch mit einigen Flocken

Ernährung

verkneten. Schweinefleisch und Innereien vom Schwein allerdings grundsätzlich immer gut kochen, auch Hackfleisch vom Schwein! Sie sehen also, es ist nicht so einfach und erfordert einige Arbeit, für Ihre Katze eine ausgewogene Nahrung zusammenzustellen. Sie nur mit »Leckerbissen« zu verwöhnen genügt halt nicht. Gegen Fertigfutter aus der Dose ist nichts einzuwenden, es entspricht den wissenschaftlichen Erkenntnissen über den Nahrungsbedarf der Katze und enthält Nährstoffe, Vitamine und Mineralstoffe in einem ausgewogenen Verhältnis. Dosenfutter unterliegt strengen Sicherheitskontrollen, so daß es mit größter Wahrscheinlichkeit frei von Krankheitskeimen ist. Auch Trockenfutter ist eine Fertignahrung mit dem Vorteil, daß die Katze gezwungen wird, ihre Zähne zu gebrauchen. Da dieser Nahrung fast sämtliche Feuchtigkeit entzogen wurde, muß der Mangel dadurch ausgeglichen werden, daß Ihre Katze bei einer solchen Mahlzeit kräftig trinkt. Sorgen Sie also dafür, daß immer ein gut gefüllter Wassernapf dabeisteht. Trotzdem ignorieren manche Katzen das Wasserschälchen. In diesem Fall sollten Sie kein Trockenfutter verfüttern, es kann Ihrer Katze dann schaden.

Keine Angst vor Fertigfutter!

Noch einige Tips, wenn Sie zusätzlich oder ausschließlich Selbstzubereitetes füttern wollen:

Innereien wie Leber und Niere sind nicht nur für den Menschen, sondern auch für die Katze schwer verdaulich und sollten daher in Maßen verfüttert werden. Muskelfleisch oder Herz von Rind, Schaf oder Kalb kann in Ausnahmefällen roh verfüttert werden (es kann Bandwurmfinnen und Sarcosporidien enthalten) – gut ist halb gekocht. Schweinefleisch sollte immer gekocht werden, es kann möglicherweise Bandwurmfinnen, Salmonellen oder Trichinen enthalten. Durch ausreichendes Erhitzen werden sie abgetötet. Auch Geflügelfleisch sollte immer gekocht werden. Schneiden Sie das Fleisch in nicht allzu kleine Stücke, so daß Ihrer Katze etwas zum Beißen bleibt. Durch zu kleine Stücke wird ihr Gebiß nicht gefordert. Ein wöchentlicher Teelöffel Pflanzenöl kann Ihrer Katze helfen, die beim Putzen verschluckten Haare durch den Darm auszuscheiden.

Sparsamer Umgang mit rohem Fleisch

Pflanzenöl für die Verdauung

Richtige Pflege

Bandwurm-behandlung

Grundsätzlich sollte Ihre Katze, wenn sie schon mit rohem Fleisch gefüttert wird, mindestens ein- bis zweimal jährlich vorsorglich gegen Bandwürmer behandelt werden.

Wie oft soll man füttern? Kleine Kätzchen bis zum Alter von etwa 4 Monaten brauchen 4-5 kleinere Mahlzeiten am Tag. Der kleine Magen kann größere Futtermengen noch nicht auf einmal verkraften. Dann können Sie monatsweise eine Mahlzeit wegfallen lassen. Ist die Katze 6-7 Monate alt, wird sie wie ein erwachsenes Tier behandelt und bekommt zwei Mahlzeiten am Tag, morgens und abends zu festen Zeiten. Trächtige Katzen brauchen mehr Futter, auch Katzen, die Auslauf haben oder lebendiger sind. Kastrierte Tiere sollten eher ein wenig knapp gehalten werden, weil sie zu Fettansatz neigen. Ansonsten ist der Nahrungsbedarf natürlich von Größe und Statur der Katze abhängig.

Mahlzeiten und Futtermengen

Aber denken Sie daran, auf ständige Leckerbissen zwischendurch reagiert die Katze wie der Mensch: Sie setzt Fett an.

Achten Sie darauf, daß Futter und Wasser immer frisch und vor Staub und Dreck geschützt sind. Eß- und Trinknapf sollten natürlich

Abb. 5: Junge Katzen brauchen 4 bis 5 Mahlzeiten täglich.

sauber sein. Vergessen Sie nicht, das Futter im Winter warm zu reichen. Wärmen Sie es auch im Sommer, falls es aus dem Kühlschrank kommt, und schützen Sie Fleisch vor eierlegenden Fliegen. Und denken Sie daran: Auch mäusefangende Katzen brauchen regelmäßig Fütterung und Trank.

Kühlschrankkaltes Futter ist tabu

Katzen fressen gerne Gras. Haben sie dazu keine Gelegenheit, knabbern sie die Zimmerpflanzen an. Gras dient ihnen als »Brechmittel« für Haare, die sie beim Putzen verschluckt haben, oder auch, wenn sie freien Auslauf haben, für unverdauliche Tierreste. Lassen Sie also für Wohnungskatzen Gras in einem Blumentopf oder einem Kistchen wachsen. Ihre zoologische Handlung berät Sie in dieser Frage.

Wie wird gefüttert, wenn die Katze krank ist?

Wenn Ihre kranke Katze das Futter verweigert, sollten Sie sie zwei Tage lang in Ruhe lassen, aber dabei frisches Wasser nicht vergessen. Erst wenn sie dann nicht von selbst wieder zu fressen beginnt, muß Medizin gegeben werden. Zuerst sollten Sie es mit *Boviserin*, einem Rinderblutserum, versuchen (in der Apotheke erhältlich). Ein Teelöffel alle drei Stunden genügt.

Futtertricks bei Appetitmangel

Gleichzeitig können Sie es mit flüssiger Nahrung in der Einmalspritze probieren. Spritzen Sie langsam in den Mundwinkel, nachdem Sie die Katze in ein Handtuch gewickelt habe, so daß nur noch der Kopf herausschaut.

Kleine Hackfleischkügelchen, in den Mund geschoben, können gute Dienste leisten, besonders wenn die Katze an Erkrankungen leidet, die mit schmerzhaften Mundgeschwüren einhergehen.

Etwas Traubenzucker im Trinkwasser kann nicht schaden, aber nur, wenn die Katze keinen Durchfall hat: ein Teelöffel auf eine Tasse Wasser. Milch ist keine geeignete Krankenkost.

Milch ist keine Krankenkost

Grundsätzlich kann man kranken Katzen zu essen geben, was sie auch sonst am liebsten mögen.

Das Liebesleben der Katzen

»Mein junger Freund« –
sagte ich – »wenn Sie ein Verfasser
psychologischer Romane werden
und über die Rätsel der Menschenseele
schreiben wollen, dann ist es das beste,
Sie schaffen sich ein Katzenpärchen an.«
(Aldous Huxley)

*Von leiden-
schaftlicher
Katzenliebe…*

Wenn Sie sich dieses Buch als frischgebackener Katzenbesitzer gekauft haben, der diese eleganten Tiere wegen ihrer lautlossanften und unaufdringlichen Wesensart liebt, dann sollten Sie sich einige Informationen zum Liebesleben Ihres Tieres zu Gemüte führen, um vor Überraschungen, was die »Sanftheit« Ihrer Katze in bezug auf ihr unvermeidlich eintretendes sexuelles Erwachen betrifft, sicher sein zu können. Sonst wird spätestens Ihrem Nachbarn unangenehm auffallen, daß Katzen noch nicht alles von ihrer ursprünglichen Wildheit verloren haben und in bestimmten Abständen zu leidenschaftlichen Liebhabern werden.

Zuallererst sollten Sie einmal nachschauen, ob eine Katze oder ein Kater in Ihrem Haushalt lebt. Bei ausgewachsenen Katzen ist das kein Problem.

Nehmen Sie Ihre Katze auf den Schoß: Drehen Sie sie spielerisch um, und untersuchen Sie die Region unterhalb des Schwanzansatzes. Dicht bauchwärts unterhalb des Afters liegt eine Vertiefung. Spreizen Sie die Haut dort vorsichtig. Ein länglicher Strich/Schlitz = Katze. Ein Punkt/rundes Löchlein = Kater.

Katzenliebe

Wenn Sie ein wenig aufpassen, werden Sie das Näherrücken der »tollen Tage«, der periodisch verlaufenden sexuellen Zyklen Ihres Tieres, nicht übersehen können. Die Katze beginnt mehr als sonst zu schmusen und will beschmust werden, miaut mit tieferer Stimme, streicht Ihnen um die Beine, liebt besonders das Kraulen in der Kreuzgegend, wobei sie ihren Schwanz steil nach oben oder seitwärts stellt. Gurrende Laute werden ausgestoßen, die sich bis zu lauten Schreien steigern – wie durchdringendes Babyschreien. Besonders charakteristisch ist das Herumrollen auf dem Boden, daher auch die Bezeichnung für die Katzen-Hitze: *Rolligkeit*.

... und ihren Folgen

Früher als Sie denken wird Ihre Katze fortpflanzungsfähig: mit etwa 6-7 Monaten! Spätestens jetzt müssen Sie sich Gedanken machen, wie Sie mit der Tatsache umgehen, daß Sie ein Tier im Haus haben, das nicht allein bleiben und Ihnen alljährlich stolz einen oder mehrere Würfe allerliebster kleiner Kätzchen präsentieren wird. Es sei denn, Sie wollen sie als reine Wohnungskatze halten und darauf achten, sie niemals in die Nähe eines potenten Katers zu bringen. Aber selbst dann müssen Sie mit einigen Folgeerscheinungen leben, die eine sexuell aktive Katze mit sich bringt. Über einige

Abb. 6: Rollige Katzen sind besonders anhänglich und benehmen sich manchmal so verrückt, daß man aus dem Lachen nicht herauskommt.

Das Liebesleben der Katzen

Empfängnis-
verhütung

Wochen hinweg wird Ihre Katze für einen in der Ferne jaulenden Kater alles liegen- und stehenlassen; in diesen Zeiten müssen Sie stets auf verschlossene Türen achten (manche Katzen sind Meister im Türenöffnen!). Eine von starken natürlichen Trieben gebeutelte Katze allein zu lassen entbehrt nicht einer gewissen Grausamkeit. Zudem haben Katzen einen unberechenbaren sexuellen Zyklus, der es nicht erlaubt, das Einsperren nur auf die Rolligkeitsperioden zu beschränken! Sie müßten bis zum äußersten konsequent bleiben, wenn Sie unerwünschten Nachwuchs vermeiden wollen. Die folgende Tabelle soll Ihnen die Illusion nehmen, es gäbe »ungefährliche« Tage bei Ihrer Katze:

Tabelle 1: Sexualzyklus der Katze

Termin	Wahrscheinlichkeit der Befruchtung
Vorfrühjahr	groß bei allen Katzen
Frühjahr	sehr groß bei allen Katzen
Frühherbst	groß bei allen Katzen
Oktober bis Januar	gering bei überwiegend im Freiland lebenden Katzen immer gegeben bei überwiegend im Haus gehaltenen Katzen
3.-6. Trächtigkeitswoche	etwa 10 Prozent aller Katzen
18-20 Stunden nach der Geburt	Einzelfälle wurden beschrieben
1-2 Wochen nach der Geburt	groß, wenn die Jungen nach der Geburt entfernt wurden
1-2 Wochen nach dem Absetzen der Jungen	groß

Eine Zeitperiode, in der eine Befruchtung ausgeschlossen ist: *gibt es praktisch nicht*

Neben dem rigorosen und eigentlich nicht akzeptablen Einsperren zur Katerabwehr gibt es im Grunde drei mehr oder weniger bewährte Methoden, den Sexualtrieb Ihrer Katze so zu dämpfen, daß alle Beteiligten davon profitieren können.

Die »Pille«: Tabletten zur Hormonunterdrückung, vom Tierarzt verschrieben, sind eine bewährte und sichere Methode, unerwünschten Nachwuchs zu vermeiden. Ihr Nachteil ist nur, daß Sie über Jahre hinweg *einmal in der Woche* die kleine weiße und geschmacksneutrale Tablette so verabreichen müssen, daß das Tier sie auch tatsächlich zu sich nimmt. Das erfordert Selbstdisziplin seitens des Tierhalters. Die Katze bleibt bei diesem Verfahren so anhänglich und liebevoll wie zuvor. Die Befürchtung, sie könnte dick und träge werden, ist unbegründet, es sei denn, Sie füttern zu reichlich, weil Sie das »arme« Tier für die entgangenen Liebesfreuden unbewußt »entschädigen« wollen. Das ist jedoch zu sehr in menschlichen Kategorien gedacht.
Sollten Sie eine Verhaltensänderung befürchten oder beobachten, dann hat diese Methode einen großen Vorteil: Sie können einfach mit der Tablettengabe aufhören, und alles fügt sich wie zuvor.

Nur bedingt zu empfehlen

Die Kastration: Sie hat sich als sicheres Mittel zur Unfruchtbarmachung bewährt und verursacht nur einmalige Kosten. Dabei werden der Katze beide Eierstöcke und ein Teil der Gebärmutter entfernt. Katzen sollten zwischen der ersten und zweiten bzw. der zweiten und dritten Rolligkeit kastriert werden, weil der Eingriff dann noch einfacher ist. Da die Geschlechtsreife oft schon im Alter von 6-7 Monaten eintritt, bleibt für die Zeit bis zum Eingriff eigentlich nur die Hormongabe als sicheres Mittel zur Überbrückung, falls Ihnen Ihre Katze für die Operation noch zu jung erscheint.

Die sicherste Methode, aber…

An dieser Stelle sollten einige Vorurteile widerlegt werden:
- Die Operation von Katze oder Kater ist inzwischen ein ungefährlicher Routineeingriff.

Das Liebesleben der Katzen

– Bei kastrierten Tieren bleiben Jagdtrieb, Lebensfreude und überhaupt kätzisches Verhalten normal erhalten.
– Kastrierte Katzen und Kater müssen nicht fett und träge werden, das liegt an der Fütterung und nicht an der Kastration. Zu empfehlen ist einzig, daß Sie etwas auf die Futterration achten, da Katzen und Kater nach der Kastration etwas bessere Futterverwerter sind.
– Kastrierte Tiere sind nicht krankheitsanfälliger. Sie sind insgesamt ausgeglichener und auch menschenanhänglicher.

... es gibt kein Zurück

Vor- und Nachteile der Kastration sind prinzipiell gleich: Sie ist endgültig. Das sollten Sie in Ihre Überlegungen mit einbeziehen. Nach der Operation, die unter Betäubung durchzuführen ist, hat der Kater mindestens einen Tag, die Katze mehrere Tage in der Wohnung zu bleiben. Katzen brauchen es warm in dieser Zeit und sollten keine »großen Sprünge« machen, im wahrsten Sinne des Wortes.

Sterilisation: Bei der Sterilisation werden nur die Eileiter unterbunden oder entfernt bzw. beim Kater die Samenleiter durchtrennt. Zu Recht ist sie aus der Mode gekommen, denn Katzen wie Kater behalten ihren vollen Sexualtrieb und verhalten sich entsprechend. Es bringt also kaum Vorteile.

Katerliebe

Kater werden, wenn ihre »Männlichkeit« erwacht, unruhig; sie streben mit Macht ins Freie und lassen sich auf viele Kämpfe ein, um ihren Platz in der Bruderschaft der Nachbarkater zu sichern. »Ranzig« werden heißt das in der Fachsprache. Unüberriechbar sind die Duftmarken, die an alle möglichen und unmöglichen Stellen in der Wohnung gesetzt werden. Schon wegen dieses Geruchs ist es fast ausgeschlossen, einen nicht kastrierten Kater in der Wohnung zu halten. Ihn in der Wohnung einzusperren ist außer-

Unliebsames Kater-»Parfüm« ...

Katerliebe

dem eine Qual für das Tier: Bald riecht es wie im Katzenheim, und Verhaltensstörungen sind so gut wie programmiert. Lassen Sie ihn dann doch ins Freie, so wird er zu einer sinnlosen Katzenvermehrung beitragen. Die traurige Folge: Viele Kätzchen werden nach der Geburt eingeschläfert (sie haben es vielleicht noch am besten). Andere werden ausgesetzt und kommen qualvoll um, wieder andere enden als Streuner vor der Flinte des Jägers.

Daher ist unbedingt anzuraten, Ihren Kater **kastrieren** zu lassen, sobald er beginnt, Urinmarken in die Wohnung zu setzen. Das kann bereits im Alter von 6 Monaten geschehen, bei Edelkatzen, z. B. Persern, jedoch auch erst im Alter von bis zu 14 Monaten eintreten. Erst dieser kleine Eingriff macht ihn zu einem wirklichen Haustier – er kann sich enger an den Menschen binden. Wie gesagt, seinen Jagdinstinkt verliert der Kater dadurch nicht, er muß keineswegs zwangsläufig träge und fett werden. Übergewicht ist immer eine Folge falscher Ernährung!

Auch beim Kater bringt die **Sterilisation** kaum Vorteile. Seine Duftmarken setzt er auch weiterhin. Verzichten Sie deshalb auf diese heute ohnehin nur mehr selten praktizierte Methode.

… läßt sich durch Kastration vermeiden

2. Teil

Die
kranke
Katze

Vorbeugen ist – wie immer – besser als heilen

Die Katze ist das einzige vierbeinige Tier, das dem Menschen eingeredet hat, er müsse es erhalten, es brauche aber dafür nichts zu tun.
(Kurt Tucholsky)

Wann und wogegen Sie impfen sollten

Wer seine Katze liebt, der läßt sie regelmäßig und sachkundig impfen.
Bevor ich in diesem Kapitel auf die wichtigsten Infektionskrankheiten der Katzen zu sprechen komme, möchte ich nach Möglichkeit dafür sorgen, daß Sie hier nur interessante Informationen zu einem unerquicklichen Thema erhalten, und gleichzeitig verhindern, daß Sie es als nachträgliches Nachschlagewerk benutzen, um herauszufinden, woran Ihr geliebtes Tier gestorben ist.
Katzen sind zäh – das stimmt. Damit ist aber eigentlich nur ihre Fähigkeit gemeint, auch schlimme Verletzungen noch überstehen zu können. Bei Infektionen sieht das anders aus: Gegen die »Killer« Katzenseuche, Katzenschnupfen und Tollwut besitzen die Tiere wenig Widerstandskraft. Kommen diese Infektionen zum Ausbruch, so verspricht eine Behandlung oft nur wenig Erfolg, da es sich um Virusinfektionen handelt, bei denen bekanntlich die wirksamsten Medikamente der modernen Medizin, Antibiotika und Sulfonamide, versagen. Einen wirksamen Schutz gegen die ge-

Gegen Infektionen sind auch Katzen nicht gefeit

Impfen

nannten Krankheiten bietet deshalb nur die richtig durchgeführte, vorbeugende Impfung!

Was ist das nun überhaupt, eine Schutzimpfung? Bei den angesprochenen Impfungen handelt es sich um eine aktive Immunisierung. Dabei werden der Katze abgeschwächte oder abgetötete Krankheitserreger injiziiert, so daß sie aktiv, als eine Leistung ihres Organismus, Schutzstoffe bilden muß, sogenannte Antikörper. Man hat also bewußt und wohldosiert eine »kleine Infektion« in Gang gebracht, die in den meisten Fällen unmerklich verläuft. Antikörper aber bleiben und verhindern weiter Infektionen. In gewissen Abständen allerdings ist eine Auffrischung des Impfschutzes notwendig.

Impfungen müssen aufgefrischt werden

Eine Voraussetzung für die Impfung ist, daß Ihre Katze gesund ist. Bei Krankheit oder Schwächung, beispielsweise durch Wurmbefall, werden zu wenig oder überhaupt keine Schutzstoffe gebildet, die Impfung hat keinen Nutzen. Achten müssen Sie auch darauf, daß es eine gewisse Zeit dauert, bis die Schutzstoffe gebildet worden sind. Tritt in diesem Zeitintervall eine Infektion auf, so ist das Tier noch schutzlos. Aus diesem Grund, weil eben noch Infektionsgefahr besteht, müssen Sie Ihre Katze rechtzeitig impfen lassen, wenn Sie sie mit auf eine Auslandsreise nehmen wollen. Wenn Sie am Reisevortag noch schnell geimpft haben, werden Sie mit Ihrer Katze nicht in ein anderes Land einreisen dürfen, und das natürlich zu Recht.

Die folgende Impftabelle kann nur als allgemeine Richtlinie gelten, den Rat Ihres Tierarztes soll sie nicht ersetzen, denn bei verletzten oder kranken Tieren gelten Ausnahmen.

Tierhandlungen werben häufig mit dem Etikett »geimpft«, wenn sie Ihnen eine Katze verkaufen wollen. In den meisten Fällen stimmt das auch, aber Sie sollten beim Kauf auf einem ausgefüllten Impfpaß bestehen, denn nur anhand dieses Dokumentes können Sie und vor allem Ihr Tierarzt feststellen, wann, wogegen und mit welchem Impfstoff das Tier behandelt worden ist und welche Maßnahmen noch zu ergreifen sind. Wenn eine ältere Katze mit oder ohne Impfpaß zu Ihnen ins Haus kommt, rate ich grundsätz-

Der Impfpaß ist unerläßlich

Vorbeugen – besser als heilen

lich zu einem Gang zum Tierarzt, wenn sich das neue »Familienmitglied« bei Ihnen eingewöhnt hat. Er wird über eine nötige Grundimmunisierung oder Auffrischungsimpfung entscheiden. Also grundsätzlich: Die Impfung Ihrer Katze zum rechten Zeitpunkt und in bestimmten regelmäßigen Intervallen gehört zu den wichtigsten vorbeugenden Maßnahmen zum Schutz vor oft tödlich verlaufenden Infektionskrankheiten. Sie sollten diese Prozedur stets Ihrem Tierarzt überlassen. Er wird für Ihr Tier einen Impfpaß anlegen, der alle notwendigen Informationen enthält.

Tabelle 2: Impfplan für Katzen

Impfplan

Alter	Prophylaxe
Jungkatzen:	
8. Woche	Katzenseuche und Katzenschnupfen
12. Woche	Katzenseuche und Katzenschnupfen
	Tollwut
Erwachsene Katzen:	
nach Eingewöhnung	Katzenseuche und Katzenschnupfen
	Tollwut
	oder Katzenseuche und Tollwut
4 Wochen später	Katzenschnupfen
von jetzt an:	
jährlich	Tollwut und Katzenschnupfen
alle 2 Jahre	Katzenseuche

Übersicht über die wichtigsten Infektionskrankheiten

Informationen zur Früherkennung

Die folgende Übersicht beschreibt einige der wichtigsten, schweren Infektionskrankheiten bei Katzen. Sie soll Ihnen die Möglichkeit der Früherkennung geben, um vielleicht noch rechtzeitig den Tierarzt aufsuchen zu können.

Infektionskrankheiten

Nicht auf den Menschen übertragbare Krankheiten

Katzenseuche (Katzenpest, Katzenstaupe, Fachbegriff: Panleukopenie): Die sogenannte »Katzenseuche« der Hunde hat mit dieser Krankheit nichts zu tun, obwohl eine Virusähnlichkeit besteht. Klar ist: Die Katzenseuche wird nicht wechselseitig vom Hund auf die Katze und von der Katze auf den Hund übertragen. Der Erreger dieser Krankheit ist das Panleukopenie-Virus, ein äußerst widerstandsfähiges, hochansteckendes Virus, das mit sämtlichen Körperausscheidungen – Kot, Harn, Speichel usw. – ausgeschieden wird. Von der Katzenseuche genesene Katzen, aber auch Katzen, die infiziert wurden, ohne daß es zum Ausbruch der Krankheit kommt, können das Virus noch lange ausscheiden und dadurch verbreiten. In der Außenwelt kann sich das Virus noch Wochen bis Monate halten. Die Ansteckung erfolgt über den Verdauungs- oder Atmungstrakt, von Tier zu Tier, durch Futternäpfe, Katzenkörbe, Käfige und Toiletten, durch Schleimtröpfchen in der Außenluft und auch über den Menschen, der allerdings nicht erkranken kann. Ab etwa der halben Schwangerschaftszeit können auch die ungeborenen Kätzchen im Mutterleib angesteckt werden. Die Krankheit beginnt nach einer Inkubationszeit von in der Regel 4-6 Tagen.

Hochansteckend und gefährlich

Inkubationszeit

Akut tritt dann hohes Fieber auf, 41° Celsius und mehr, schmerzhaftes Erbrechen, auch wenn der Magen schon leer ist, Appetitlosigkeit sowie große Schwäche und Abgeschlagenheit. Die Katzen haben Schmerzen, besonders wenn man den Bauch betastet, und verkriechen sich. Häufig kommt es zu Durchfall, manchmal erst nach einigen Tagen, der auch blutig werden kann. An Stelle des Durchfalls kann aber auch Verstopfung bestehen. Oft sind die Katzen so schwach, daß sie trotz des Flüssigkeitsverlustes infolge Erbrechen und Durchfall nicht in der Lage sind, zu trinken. Wenn die Krankheit zum ersten Mal auftritt, sterben ohne Behandlung 80-100% der erkrankten Katzen, besonders junge Katzen. Die Behandlung ist selbstverständlich Sache des Tierarztes, es darf keine Zeit verloren werden, ihn aufzusuchen. Wann welche Nah-

Symptome

Vorbeugen – besser als heilen

rung zugeführt wird, liegt im Ermessen des Tierarztes; in den meisten Fällen ist Nahrungszufuhr eine unnötige Quälerei. Die Krankheit dauert ohnehin meist nur einige Tage, so daß es durch »Fasten« nicht zu einer Verschlimmerung kommt. Wichtig ist eine peinlich genaue Hygiene: Erbrochenes und Kot müssen sofort entfernt werden, das Fell sollte gereinigt und die Lagerstätte penibel saubergehalten werden. Kranke Tiere sind in jedem Fall – wie auch bei allen anderen Infektionskrankheiten – von den anderen zu trennen. Ihre Katze braucht in dieser Zeit besonders viel Liebe und Zuwendung.

Isolierung des erkrankten Tieres

Der einzige, allerdings auch gut wirksame Schutz gegen die Katzenseuche ist die rechtzeitige Erstimpfung mit regelmäßigen Impf-Auffrischungen alle zwei Jahre.

Katzenschnupfen: Unterschiedliche Krankheitserreger verursachen den Katzenschnupfen, begleitet von ähnlichen Symptomen; man spricht deshalb auch vom Katzenschnupfenkomplex. Verursacher können sogenannte Herpesviren, Caliciviren und bestimmte Rheoviren sein. Auch eine Rickettsienart, Clamydia felis, wird hier eingereiht.

Schwere Krankheitsverläufe treten besonders im Gefolge von Steßsituationen verschiedener Art auf, etwa einem Umgebungswechsel, feuchtem Klima, einer Erkältung, schlechten hygienischen Verhältnissen, großen körperlichen Anstrengungen oder durch bakterielle Sekundärinfektionen. Die Erreger dieser ebenso häufigen wie ansteckenden Katzenkrankheit sind sehr widerstandsfähig und können im Heim einer kranken Katze noch lange Zeit für Ansteckung sorgen. Durch Niesen gelangen sie über die Luft auf die Schleimhäute von Augen und Nase.

Ansteckend und weit verbreitet

Häufig sind Katzen Dauerausscheider, d. h., sie tragen den Erreger noch lange Zeit, nachdem sie die Krankheit schon überstanden haben oder auch ohne überhaupt ernstlich krank geworden zu sein: ein großes Problem für Züchter und Tierheime. Je nach Erregerart beträgt die Inkubationszeit zwischen 1 und 5 Tagen. Meistens bleibt die Krankheit auf die oberen Luftwege beschränkt,

Inkubationszeit

Infektionskrankheiten

auf Nase, Kehlkopf und Luftröhre. Sie beginnt wie ein kräftiger Schnupfen mit Niesen, wässrigem, später schleimigem bis eitrigem Ausfluß aus Nase und Augen und Fieber um die 40° Celsius. Für einen normalen Schnupfen wirken die Tiere zu krank. Leichte Fälle von Katzenschnupfen heilen relativ schnell aus. In schweren Fällen kommt eine Bronchitis, möglicherweise sogar eine Lungenentzündung hinzu, der Ausfluß aus Nase und Augen wird eitrig und verschmiert das ganze Fell. Die Augen können zukleben, die Mundschleimhaut kann sich entzünden. Die Katzen sind dann appetitlos, fressen und trinken nichts, so daß zur allgemeinen Schwäche noch die Entwässerung kommt, die für eine weitere Verschlechterung des Zustandes sorgt. Das Krankheitsbild kann sich über Wochen hinziehen.

Symptome

Die Überlebensrate in ausgeprägten Fällen ist trotzdem gut und liegt bei 80-90%, gute Pflege allerdings vorausgesetzt. Das erkrankte Tier benötigt viel persönliche Zuwendung, einwandfreie hygienische Verhältnisse und Wärme. Sauberkeit verhindert nicht nur die Erregerverbreitung – Katzen fühlen sich in unsauberer Umgebung, oder auch wenn sie selbst unfreiwillig unsauber sind, sehr unwohl.

Plötzlich auftretende Unsauberkeit, das sollten Sie nicht vergessen, ist bei Katzen fast immer ein Krankheitszeichen.

Unsauberkeit ist ein Krankheitszeichen

Versuchen Sie vorsichtig Augen und Nase von verkrustetem Sekret zu säubern, am besten mit einem Stofftaschentuch, das vorher in lauwarmen Kamillenextrakt getaucht wurde. Augen, Nase und Mund können auch vorsichtig und schonend mit Salbeitee gespült werden. Aber bitte nicht mit Gewalt, auch wenn die Katze sich wehrt, sondern liebevoll. Über weitere therapeutische Maßnahmen, etwa Augensalben und Nasentropfen, sprechen Sie mit Ihrem Tierarzt, den Sie so bald wie möglich aufsuchen sollten. Den Kontakt mit Erregern von Katzenschnupfen wird man kaum vermeiden können, daher ist die gut wirksame *Schutzimpfung* dringend anzuraten. *Vorbeugend wirken gute Pflege, richtige Ernährung, einwandfreie Hygiene und Desinfektion.*

Vorbeugen – besser als heilen

Ansteckend und gefährlich

Pseudowut (Falsche Wut, Juckseuche, Fachwort: Aujeszkysche Krankheit): Wie schon der Name sagt, handelt es sich um eine Krankheit, die mit tollwutähnlichen Symptomen einhergeht. Der Erreger ist eine Herpesvirusart, die hauptsächlich Schweine befällt. Prinzipiell aber können – mit Ausnahme von Pferden – alle Haustiere infiziert werden. Bei Menschen sind bisher nur einige mild verlaufende Infektionen in Labors bekannt geworden, begleitet von Juckreiz und Mattigkeit. Katzen infizieren sich, wenn sie virusverseuchtes rohes Schweinefleisch essen, oder durch kranke Ratten oder Schweine. Landkatzen legen sich auf Bauernhöfen gern zu den Schweineferkeln unter die wärmenden Infrarotlampen und können sich dort anstecken. Aber auch in der Stadt sind schon Fälle bekannt geworden (rohes Schweinefleisch). Sterben plötzlich die Katzen, ist das für Landwirte ein Zeichen, daß ihre Schweine möglicherweise die Aujeszkysche Krankheit haben. Die Inkubationszeit

Inkubationszeit/ Symptome

beträgt 2-9 Tage, kann aber auch länger dauern. Die ersten Erscheinungen ähneln der Tollwut, die Katze ist müde und matt, versteckt sich und hat keinen Appetit. Lähmungen der Schlundmuskulatur mit Schluckbeschwerden und vermehrtem Speichelfluß folgen. Typisch ist dann der nicht zu unterdrückende Juckreiz. Die kranken Tiere kratzen, beißen und lecken sich bis hin zum Bluten. Es können Tobsuchtsanfälle und Krämpfe auftreten; nach ein bis zwei Tagen tritt der Tod durch Lähmung ein. Heilungen sind noch nicht bekannt geworden, auch steht bis jetzt für Katzen kein Impfstoff zur Verfügung. *Vorbeugend kann nur dringend vom Verfüttern rohen Schweinefleisches abgeraten werden.*
Bei einem Krankheitsverdacht ist unbedingt und unverzüglich der Amtstierarzt zu verständigen. Ein Laie kann die Symptome von Tollwut und Pseudowut nicht unterscheiden.

Ansteckend und gefährlich

Infektiöse Bauchfellentzündung der Katzen (Feline infektiöse Peritonitis, FIP): Als Erreger dieses Leidens wird ein sogenanntes Coronavirus verantwortlich gemacht, übertragen vermutlich durch die Ausscheidungen kranker Tiere. Das Virus ist sehr empfindlich und bleibt außerhalb des Körpers nur wenige Stunden infektiös.

Auch die Inkubationszeit ist unklar, man rechnet mit 1 - 4 Monaten. Die angesteckten Katzen werden zunehmend müde, verlieren an Gewicht und Lebhaftigkeit; fast immer haben sie hohes Fieber. Typisch ist ein vergrößerter Bauchumfang aufgrund von Flüssigkeitsansammlungen in der Bauchhöhle. Fast immer ist die Leber mitbetroffen, aber auch Bauchspeicheldrüse, Milz, Nieren und Gehirn können befallen werden. Dementsprechend können Verdauungsstörungen wie Erbrechen, Durchfall oder Verstopfung, auch Atembeschwerden und Einschränkungen der Sehfähigkeit usw. auftreten. Heilungsaussichten bestehen nicht, meist führt die Krankheit innerhalb weniger Wochen zum Tode. Für Katzenzüchter wird die infektiöse Bauchfellentzündung zunehmend zum Problem, zumal bis jetzt Impfschutz nicht möglich ist.

Symptome

Katzenleukose: Übertragen wird diese Krankheit, die zunehmend auftritt, durch das Leukosevirus. Nicht alle infizierten Katzen erkranken, sie können allerdings als Dauerausscheider für eine ständige Ansteckungsgefahr sorgen. Der Krankheitsverlauf ist völlig uncharakteristisch. Meist kommt es zu Gewichtsverlust; zunehmende Schwäche und angehende Kurzatmigkeit mögen auffallen. Im Laufe der Krankheit können sich verschiedene Leukämieformen ausprägen, die letztlich zum Tod der Katze führen. Einzig der Erregernachweis im Labor bringt Klarheit und sollte bei Verdacht auch durchgeführt werden. Leider konnte bis jetzt kein sicherer schützender Impfstoff gefunden werden. Der zur Zeit verfügbare Impfstoff bietet nach dreimaliger Grundimmunisierung einen 60 %igen Schutz.

Ansteckend und gefährlich

Symptome

Krankheiten mit Ansteckungsgefahr für den Menschen

Tollwut: Auch die Tollwut ist eine Viruskrankheit. Das Tollwutvirus kann von den meisten Tieren übertragen werden, besonders anfällig sind Füchse. Die Ansteckung von Katze zu Katze ist eher selten, überhaupt spielen Katzen für die Tollwutausbreitung eine eher untergeordnete Rolle. Mit dem Futter kann das unempfind-

Vorbeugen – besser als heilen

liche Virus nur bei Verletzungen der Verdauungsorgane aufgenommen werden.

Geringe Ansteckungsgefahr für Katzen

Infizieren können sich Katzen bei Ausflügen in tollwutgefährdete Gebiete. Die Übertragung des Virus erfolgt hauptsächlich durch Speichel, durch Biß- und Kratzwunden. Im Normalfall gelangt das Virus durch den Biß in die Wunde und wandert dann entlang der Nervenbahnen in Richtung Gehirn. Die Inkubationszeit richtet sich nach der Entfernung der Eintrittspforte des Virus, der Bißstelle, vom Gehirn und dauert im Durchschnitt zwischen 14 und 60 Tagen. Leider sind die Krankheitssymptome nicht sehr spezifisch. Auffällig ist eine mehr oder weniger deutliche Änderung des Verhaltens, die Tiere werden scheu, verkriechen sich und reagieren abweisend; im Gegensatz dazu kommt aber auch besondere Anhänglichkeit vor. Zu Beginn können Appetitlosigkeit, Erbrechen und Durchfall oder Verstopfung auftreten. Dann folgen Schluckbeschwerden, vermehrter Speichelfluß und Sehstörungen. In diesem Stadium der Krankheit kommt es auch zu den typischen Symptomen der »rasenden Wut«, Beißsucht ohne ersichtlichen Grund, Erregung, Unruhe und Krämpfen. Diese Symptome haben der Krankheit auch den Namen gegeben. Auch Tiere, die vorher noch zutraulich waren, werden angriffslustig.

Symptome

Mindestens genauso häufig ist bei Katzen allerdings die »stille Wut«, bei der ausschließlich zunehmende Lähmungen zu beobachten sind – von Schlundmuskulatur, Unterkiefer und Gliedmaßen. Der Tod tritt nach einem bis spätestens 8 Tagen ein. Tollwut darf nicht behandelt werden, kranheitsverdächtige Tiere werden eingeschläfert und dürfen bis dahin nicht angefaßt werden. Die Krankheit ist auf den Menschen übertragbar, was aber nur in etwa 20% der Fälle von Bißwunden durch infizierte Tiere geschieht. Beim geringsten Tollwutverdacht ist unverzüglich der Amtstierarzt zu verständigen!

Amtstierarzt verständigen!

Gegenstände, mit denen die Katze in enge Berührung gekommen ist, müssen beseitigt werden, eine gründliche Desinfektion der Wohnungsumgebung ist erforderlich. Tollwut tritt zwar nicht allzu häufig auf, ist aber wegen der Übertragbarkeit auf den Menschen

Infektionskrankheiten

und des praktisch sicheren, tödlichen Ausgangs eine Gefahr. Katzen, bei denen Tollwut auch nur möglicherweise auftreten könnte, weil sie am Stadtrand oder auf dem Land wohnen und freien Auslauf haben, sollten unbedingt geimpft werden. *Nur die Impfung bietet Schutz vor dieser Krankheit!* Außerdem wird bei Krankheitsverdacht jede nicht geimpfte Katze eingeschläfert. Ein Risiko, das durch die Impfung vermieden werden kann.

Impfung ist unerläßlich

Tuberkulose: Tuberkulose tritt inzwischen ausgesprochen selten auf, soll aber erwähnt werden, da sie auf den Menschen übertragbar ist. Zwei Bakterienarten gleicher Gattung sind die Verursacher. Zum einen das Mycobacterium bovis, zum anderen das Mycobacterium tuberculosis. Seit die Rindertuberkulose (M. bovis) bei uns praktisch ausgerottet wurde, treten nur noch selten vereinzelte Fälle auf. Katzen können den Erreger aufnehmen: oral, mit ungekochter Frischmilch oder kranken Fleischteilen; über die Haut, durch den Speichel beim gegenseitigen Belecken oder durch Kratzwunden; sehr selten durch Tröpfcheninfektion über die Atemluft. Eine Ansteckung Katze-Mensch ist extrem selten nachgewiesen, umgekehrt schon eher.

Der Primärinfekt der sehr vielgestaltigen Tuberkulose (Tb) entwickelt sich als eine Entzündung mit Lymphknotenbeteiligung dort, wo der Erreger eintritt, bei Katzen in erster Linie im Darm, aber auch an der Haut oder in der Lunge. Meist kommt es zur Abheilung dieses Erstinfektes, der in der Regel kaum merklich verläuft. Durch Streßsituationen kann sich die Tb allerdings noch Jahre später ausbreiten, es kommt dann zum Befall einzelner oder, im Rahmen massiver Ausbreitung, auch mehrerer Organe. Die Symptome richten sich nach Infektionsort und -ausbreitung. Haut-Tb erscheint als chronische, geschwürige Hautentzündung, besonders häufig am Kopf, aber auch am Rücken und an den Beinen; Lungen-Tb kennzeichnen Husten und Lungenentzündung, wechselhaftes, mäßiges Fieber, Atemnot, vertiefte Schnellatmung und Abmagerung; Darm-Tb führt ebenfalls zu Abmagerung, oft auch zu Durchfall, der sich mit Verstopfung abwechseln kann. Eine sichere Diagnose

Symptome

Vorbeugen – besser als heilen

kann grundsätzlich nur über den Erregernachweis gestellt werden. Aufgrund der Ansteckungsgefahr für den Menschen sowie der erforderlichen langwierigen und kostspieligen Behandlung wird der Tierarzt meistens die Tötung des infizierten Tieres anraten. Die Sterblichkeit der Tiere ist bei ausgeprägter Tb ohnehin sehr hoch. Jede Selbstbehandlung muß strikt abgelehnt werden.

Toxoplasmose: Wenn während der Schwangerschaft in der Umgebung der schwangeren Frau eine Katze auftaucht, kommt meist sehr schnell die Toxoplasmose ins Gespräch. Manche Katze mußte schon ins Tierheim wandern, weil ihre Halter nicht gut genug informiert waren.

Symptome

Ein einzelliger parasitärer Krankheitserreger, das Toxoplasma gondii, verursacht diese Krankheit, die mit völlig uncharakteristischen Symptomen wie eine leichte Grippe verläuft und Säugetiere, Vögel, aber auch den Menschen infizieren kann. Nur bei jungen oder beispielsweise durch Infektionen geschwächten Katzen kommt es zum vollen Ausbruch der Krankheit. Fieber und Schwäche, Husten, Nasen- und Augenausflüsse, Erbrechen und Durchfall sind mögliche Begleiterscheinungen. In einem bestimmten Stadium ihrer Entwicklung wandeln sich jedoch Toxoplasmen in Zysten um, sehr widerstandsfähige und mit Medikamenten nicht zu beeinflussende Dauerformen, die sich hauptsächlich in der Muskulatur, aber auch in Hühnereiern ablagern. Werden diese Zysten nun mit nicht genügend erhitztem Fleisch oder mit Hühnereiern aufgenommen, so infiziert sich der Esser daran, es sei denn, er ist durch eine schon früher durchgemachte Krankheit immun geworden. Die Ansteckung erfolgt durch erregerhaltiges Fleisch –

Ansteckung durch rohes Fleisch und Eier

rohes Schweinefleisch, Schlachtabfälle, Vögel, Mäuse und Kleintiere. Menschen infizieren sich vor allem durch den Genuß rohen Schweinefleisches. Eine andere Infektionsquelle für den Menschen sind allerdings akut infizierte Katzen, die den Erreger einige Wochen lang als sogenannte Oozysten mit dem Kot ausscheiden. Diese Zysten im Stuhl sind äußerst widerstandsfähig, werden mit dem Kot zu Staub und sind dann überall vorhanden, wo Katzen nur

Infektionskrankheiten

hinkommen. Die Toxoplasmose ist ausgesprochen häufig. Etwa zwei Drittel aller Menschen in unseren Breitengraden haben diese Infektion zu irgendeinem Zeitpunkt schon überstanden, in den allermeisten Fällen, ohne die Krankheit überhaupt zur Kenntnis zu nehmen. Tiere sind mit ähnlicher Häufigkeit betroffen.
Toxoplasmosen lassen sich durch Blutuntersuchungen feststellen. Wird eine Toxoplasmose-negative Frau während der Schwangerschaft erstmals infiziert, dann wird in der Hälfte der Fälle der Embryo mitinfiziert, allerdings nur, wenn keine Behandlung durchgeführt wird. Die Wahrscheinlichkeit einer Ansteckung des Embryos nimmt dann mit fortlaufender Schwangerschaft zu. Was kann nun dem Embryo passieren? Mißbildungen werden nicht verursacht, sehr selten kann eine Fehlgeburt ausgelöst werden. Wie gesagt, vorausgesetzt, es wird keine Behandlung durchgeführt und die Leibesfrucht wird angesteckt, wird die Infektion zwar meist schnell überstanden, in Gehirn und Augennetzhaut aber können Schäden zurückbleiben, die sich dann erst später in der Kindheit als Intelligenzdefekte, Sehstörungen oder Krampfanfälle äußern. Was also ist zu tun, damit diese Gefahr möglichst ausgeschlossen werden kann? Als erstes lassen Sie Ihrer Katze beim Tierarzt eine Blutprobe entnehmen und diese auf Toxoplasmose untersuchen.

Bei Schwangerschaft Untersuchungen duchführen!

Als Ergebnis erhalten Sie entweder
keinen Befund – das bedeutet, daß sich Ihre Katze früher oder später infizieren und dann auch einige Wochen lang Oozysten ausscheiden wird, oder einen
schwach positiven Befund – das bedeutet, Ihr Tier war schon einmal erkrankt, ist damit vor weiteren Infektionen weitestgehend geschützt und scheidet keine Oozysten mehr aus, oder einen
hoch positiven Befund – das bedeutet, daß eine frische Infektion stattgefunden hat und die Katze die nächsten Wochen infektiös ist.
Hygiene ist zu beachten. Das Katzenklo sollte täglich gründlich gereinigt werden, da die Oozysten erst am dritten Tag nach der Ausscheidung ansteckungsfähig werden. Vermutlich haben Sie sich aber schon angesteckt, und zwar wahrscheinlicher durch

Hygiene ist das oberste Gebot

Vorbeugen – besser als heilen

Umgang mit rohem Schweinefleisch (Zubereitung, Waschen, Essen von »Mett«) als durch Ihre Katze.

Schwangere sollten, egal ob sie eine Katze haben oder nicht, schon zu Beginn der Schwangerschaft eine Blutuntersuchung auf Toxoplasmose durchführen lassen. Ist der Befund nun
schwach positiv – hat die Schwangere schon einmal eine Infektion durchgemacht und ist vor weiteren geschützt,
hoch positiv – spricht das für eine Erstinfektion, Sie sollten kein Risiko eingehen und unverzüglich eine medikamentöse Behandlung durch Ihren Arzt einleiten lassen,
negativ – besteht jederzeit die Möglichkeit einer Ansteckung. Im 6. Monat und etwa 6 Wochen vor dem Geburtstermin sollte eine Nachuntersuchung erfolgen. Ist der Befund dann positiv, muß schnellstmöglich die Behandlung erfolgen, damit Schäden beim Kind vermieden werden können. Wenn Sie eine Katze haben, können Sie sie sicherheitshalber für die Dauer der Schwangerschaft zu Freunden geben, oder Sie geben ihr täglich ein geeignetes Medikament ein, so daß es nicht zu einer möglichen Oozystenausscheidung kommen kann.

Medikamentöse Katzenbehandlung

Daß außerdem in der Schwangerschaft kein rohes Fleisch und schon gar nicht Schweinefleisch gegessen werden soll, ist hoffentlich allgemein bekannt. Auch wer keine Katze hat, sollte regelmäßige Blutuntersuchungen durchführen lassen, da die Toxoplasmoseerreger nahezu überall vorhanden sein können.

Mykosen (Pilzerkrankungen): Verschiedene Pilze (Microsporumarten, Trichophyton) können Hautpilzerkrankungen hervorrufen. Menschen infizieren sich manchmal an Tieren, weniger häufig aber auch Tiere am Menschen. Diese Pilze können viele Monate lang infektiös bleiben. Die Ansteckung erfolgt durch direkten Kontakt oder über Käfige, Bürsten und Kämme, besonders wenn die Abwehrlage nicht die beste ist. Katzen können den Pilz beherbergen, ohne daß die Krankheit unbedingt ausbrechen muß. Trichophytie führt bei der Katze zu festsitzenden Borken, die Haarausfall mit wenig Juckreiz verursachen, Mikrosporie verursacht in ihrem typi-

Symptome an der Haut

schen Bild runde und begrenzte, juckende, gerötete, haarlose Stellen, die sich ausbreiten. Meist werden die Tiere im Verlauf der Krankheit matt und träge. Aber auch ein untypischer, vermehrter Haarausfall mit Juckreiz kann auf eine Pilzerkrankung hindeuten. Die eindeutige Diagnose und Behandlung ist dem Arzt zu überlassen, auf Hygiene ist in jedem Fall zu achten.

Erwähnt werden soll noch die Candida-Pilzerkrankung, die Haut und Schleimhaut betrifft. Mund, Rachen und Nase zeigen weißlich-graue Beläge mit starker, entzündlicher Rötung der Schleimhaut. Beim Menschen ist diese Erkrankung besser bekannt als Soor. Hautinfektionen der Katze mit Candida sind wesentlich seltener und treten am ehesten noch im Gehörgang auf.

Symptome an den Schleimhäuten

Untersuchung und Behandlung

Liebe ist eine Energieform.
Wenn Sie sie vertrauensvoll geben,
löst sie sich nicht einfach in Nichts auf –
sie wird zu Ihnen zurückkehren.
Vergessen Sie jedoch nicht,
daß Sie in Wirklichkeit gar keine Liebe geben,
wenn Sie dabei abwägen,
was Sie wohl als Gegenleistung erwarten könnten.
(Matthew Manning)

Grenzen der Selbstbehandlung

Zusammenarbeit mit dem Tierarzt

Wenn Sie ein verantwortungsbewußter Katzenbesitzer sind, kommen Sie ohne Tierarzt nicht aus. Und das sage ich sicher nicht nur im eigenen Interesse oder in dem meiner Kolleginnen und Kollegen. Denken Sie an die wichtigen Schutzimpfungen, die fachliche Hilfe im Krankheitsfall und den Rat bei den verschiedensten Pflege- und Tierhaltungsproblemen. Jeder Tierarzt freut sich, wenn Sie mit ihm zusammenarbeiten wollen. Schreiben Sie alle Fragen, die Sie haben, vor einem Besuch bei ihm auf, um keine davon zu vergessen. Je nach Krankheit ist dem Tierarzt auch der genaue Zeitpunkt einer Verletzung, der Temperaturverlauf der letzten Tage und der Appetit wichtig. Und – vergessen Sie nicht, den Impfpaß in die Sprechstunde mitzubringen. Als eiserne Regel sollte gelten:
Jede Selbstbehandlung hat dort ihre Grenze, wo Sie nicht eindeutig feststellen können, was Ihrer Katze fehlt, ebenso bei allen schweren oder langwierigen Krankheiten. »Herumdoktern«

macht Ihren Liebling sicher nicht gesünder. Auch dann sollten Sie zum Tierarzt, wenn Ihre gut gemeinte, selbstverordnete Therapie nicht anschlägt oder das Allgemeinbefinden Ihrer Katze sich verschlechtert. Und natürlich unverzüglich auch dann, wenn Sie vermuten, daß Ihre Katze an einer Infektionskrankheit leidet.
Ganz wichtig ist Ehrlichkeit: Wenn Ihr Tierarzt nach eventuellen Vorbehandlungen fragt, sei es nach Ihrer »Hausmittel«-Anwendung oder nach der Behandlung durch einen anderen Tierarzt, oder wenn er sich nach der Dauer der Beschwerden erkundigt – sagen Sie es ihm stets offen und ehrlich. Nur dann kann er die Symptomatik bei Ihrem Tier richtig einschätzen.

Offenheit erleichtert die Behandlung

Worauf Sie bei der Untersuchung Ihrer Katze achten sollten

Wer eine Katze untersuchen, behandeln oder auch nur bürsten will, tut im eigenen Interesse gut daran, sie zuerst mit beiden Händen in rascher Reihenfolge vom Kopf beginnend nach hinten zu streicheln und leicht zu massieren; das beruhigt sie und nimmt ihr die Angst. Eine Hand faßt dann unter die Brust, mit der anderen können Sie gezielt und bestimmt die notwendigen Maßnahmen durchführen. Möglicherweise läßt sie dann auch eine Spritze ohne große Gegenwehr über sich ergehen. Aber bitte: Legen Sie Ringe, Armreife und Uhren ab. Wenn sich die Katze zu entwinden sucht, verstärken Sie den Griff. Ist sie zur Mitarbeit bereit, lockern Sie etwas, bei Abwehr verstärken Sie den Griff. Die Katze bemerkt schnell, das werden Sie feststellen, daß es jetzt einmal nicht nach ihrem Willen geht und sie sich in ihr Schicksal zu fügen hat. Jeder Handgriff sollte beim ersten Mal sitzen – Katzen sind klug und lernen schnell. Eine zweite Chance haben Sie vielleicht nicht, da sie sich dann verzweifelt wehren wird. Und Kratzer oder Bisse einer Katze sind gar nicht lustig. Handschuhe sind meist zu dünn und zu kurz, um ausreichen Schutz zu gewähren, oder andererseits zu

Streicheleinheiten zur Beruhigung

Untersuchung und Behandlung

steif, so daß Sie das Tier nicht richtig und sensibel genug fassen können. Es wird entwischen, oder Sie könnten es, wenn Sie zuviel Kraft aufwenden, sogar verletzen. Eine Katzenrippe ist schnell gebrochen. Auch nicht sehr bewährt beim Festhalten ist ein Tuch. In den meisten Fällen schaffen es Katzen, sich herauszuwinden, und dann haben Sie sie erst einmal wieder einzufangen. Wenn Sie sie aber richtig greifen, können Sie auch ein Thermometer einführen und Arzneien eingeben. Wichtig ist, daß Sie sich nach jeder für die Katze ungewohnten Prozedur noch einige Minuten intensiv um sie kümmern, mit ihr schmusen und spielen. Das nimmt ihr die Angst vor der oft unvermeidlichen Wiederholung der Behandlung.

Anzeichen für Gesundheitsstörungen

Woran Sie erkennen, daß Ihrer Katze etwas fehlt?
Drei Dinge stehen dabei im Vordergrund:
- Nimmt Ihre Katze an der Umgebung Anteil, verhält und bewegt sie sich wie sonst, oder wirkt sie benommen und apathisch?
- Ist ihr Appetit normal oder stark verringert?
- Hat sie Fieber?

Wenn diese drei Fragen mit Ja zu beantworten sind, bringen Sie Ihre Katze baldmöglichst zum Tierarzt, um sie untersuchen zu lassen. Sie ist vermutlich an einer Allgemeininfektion erkrankt.

Typische Krankheitszeichen

Viele weitere äußere Merkmale können Ihnen Hinweise auf eine Erkrankung Ihrer Katze geben:
- etwa wenn Ihre Katze abmagert oder die Nahrung verweigert, die sie sonst immer liebte;
- wenn sie sich ständig kratzt;
- wenn ihr die Haare ausfallen, außerhalb der Zeiten für den normalen Haarwechsel, im Frühjahr und Herbst;
- wenn im Fell Verfärbungen oder Scheuerstellen auftreten;
- wenn die Haut Borken, Auflagerungen, Verdickungen oder Rötungen aufweist;
- wenn Sekret aus Augen oder Nase fließt;
- wenn sie hustet oder schnieft;
- wenn sie knotige Veränderungen in der Haut hat;
- wenn ihre Haut schlecht riecht;

- wenn sie aus dem Mund oder After riecht;
- wenn sie ständig erbricht, Durchfall oder Verstopfung hat;
- wenn sie auf einmal extrem unruhig, schreckhaft, benommen oder aggressiv ist;
- wenn sie ständig besonders schnell atmet;
- wenn sie ständig schläft und schwach wirkt;
- wenn sie an den Ballen schwitzt (Katzen können nur an den Ballen Schweiß absondern und schwitzen nur, wenn sie Angst haben oder krank sind);
- wenn ihre Körpertemperatur erhöht ist (Fiebermessen siehe Seite 82);
- wenn auch ohne Belastung die Pulsfrequenz erhöht ist (Pulsmessen siehe Seite 24).

Um den meisten dieser möglichen Anzeichen nachgehen zu können, müssen Sie das Tier nicht einmal untersuchen, sondern nur achtsam sein. Wollen Sie dann Fieber messen, das Haarkleid, die Haut, die Ohren oder die Mundhöhle genau inspizieren, so wenden Sie die eingangs dieses Abschnitts genannte Technik an und setzen die Katze zur Untersuchung auf eine glatte, erhöhte Unterlage (Tisch), damit die Krallen keinen Halt finden und die Höhe sie etwas vorsichtiger und bescheidener macht.

Regelmäßige Beobachtung

Wie Sie bei der Untersuchung und Behandlung Ihrer Katze vorgehen

Festhalten: Schmerzhafte Behandlungen sollten Sie unterlassen, es sei denn, Sie müssen die Katze festhalten, wenn der Tierarzt keinen Helfer hat. Das soll im Interesse des Tieres schnell gehen und muß sehr bestimmt erfolgen.

Beim *Zwanggriff* bleiben Ihre Hände ungeschützt, denn es kann Ihnen nichts passieren. Zuerst packen Sie die Katze mit einer Hand ganz fest im Nackenfell. Das kennt jede Katze noch von ihrer Mutter; auch der Kater ergreift die Katze beim Liebesspiel mit den

Der Nackengriff

Untersuchung und Behandlung

Zähnen. Es ist also kein ungewohnter Zwang. Die frei Hand ergreift nun beide Hinterbeine. Sie ziehen die Katze weit auseinander. Ganz weit, der Körper muß völlig gestreckt sein. So kann der Tierarzt ruhig injizieren. Danach lassen Sie mit beiden Händen gleichzeitig los. Sprechen Sie während der Prozedur beruhigend auf Ihre Katze ein.

Fiebermessen: Die Messung der Körpertemperatur ist eine einfache und sehr wichtige Methode, um den Grad einer Erkrankung feststellen zu können. Wenn die Katze erbricht, Durchfall hat, eine Mahlzeit ausläßt oder tränende Augen hat – das kann alles harmlos sein. Sobald aber die Temperatur ansteigt, muß dringend etwas unternommen werden. Der Tierarzt wird dankbar sein, wenn Sie eine Aufzeichnung des Temperaturverlaufs mit in die Sprechstunde bringen.

Temperaturanstieg ist ein Alarmzeichen

Als Thermometer können Sie ein ganz normales Haushaltsthermometer verwenden (die elektronischen Thermometer eignen sich am besten, weil die Temperatur meistens schon nach einer Minute feststeht, bei den üblichen erst nach 2 - 3 Minuten). Die Technik ist leicht zu erlernen und sollte schon beim gesunden Tier geübt werden. Nur die rektale Messung (im After) bringt brauchbare Ergebnisse.

Setzen Sie dazu die Katze auf den glatten Tisch. Der Arm oder Schoß ist als Unterlage nicht günstig. Sie kann sich schmerzhaft einkrallen und den Körper krümmen, wobei das Thermometer herausrutscht. Eine Person hält die Katze mit beiden Händen überredend am Vorderkörper. Die andere faßt mit der linken Hand den Schwanz, ganz dicht am Ansatz. Das Thermometer wird großzügig mit Hautcreme bestrichen und gerade, also parallel zur Wirbelsäule, etwa 4 cm tief in den After eingeführt. Machen Sie das mit Gefühl, keineswegs kraftvoll.

Fieber messen ist Gefühlssache

Die Katze versucht meist, sich zu entwinden. Der Vordermann hält sie sanft, aber fest, der Hintermann bremst Abwehrbewegungen mit der Hand am Schwanz und folgt mit dem zwischen 2 Fingern gehaltenen Thermometer jedem Schüttler. Bloß nichts verletzen!

Im Zweifelsfall wird es herausgezogen, der Patient beruhigt, bevor das Instrument erneut eingeführt wird.
Jetzt wird abgelesen: der Normalbereich liegt mit 38-39,5° C recht hoch. *Ab 40° C hat jede häusliche Hilfe zu enden – die Katze muß zum Tierarzt!*

Abb. 7: Das Fiebermessen muß sehr behutsam erfolgen

Untersuchung der Mundhöhle: Wenn Sie aus zwingendem Grund die Mundhöhle Ihres Lieblings inspizieren wollen, benötigen Sie einen sehr hellen Raum. Besser ist noch eine hilfreiche Person mit Taschenlampe, damit die Sache zügig ablaufen kann. Nehmen Sie die Katze auf den Schoß, und halten Sie sie locker mit einer Hand. Die andere umfaßt den Kopf und nimmt eine Ohrmuschel zwischen Daumen und Zeigefinger. Jetzt sanft am Ohr ziehen, mit der anderen Hand leicht auf die Backen drücken und so die Öffnung des Mäulchens beschleunigend unterstützen. Nun sollte aus einem halben Meter Entfernung mit der Taschenlampe gezielt die Mundhöhle ausgeleuchtet werden. Mit etwas Übung läßt sich ein schneller Überblick gewinnen.

Wie man das Mäulchen öffnet

Untersuchung und Behandlung

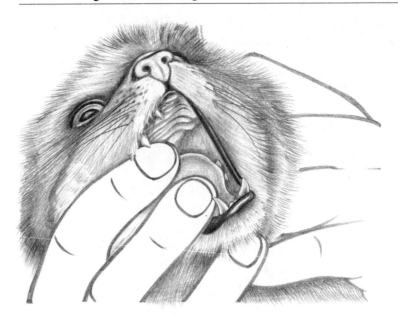

Abb. 8: Dem kleinen Tiger ins Mäulchen geschaut.

Was dem Menschen hilft, kann der Katze schaden

Das Eingeben von Medikamenten: Grundsätzlich – und das ist wirklich äußerst wichtig! – sollten Sie Ihrer Katze niemals Medikamente geben, die sich bei Ihnen selbst oder bei Ihrem Hund bewährt haben. Katzen haben einen anderen Stoffwechsel, so daß Sie mit solchen Arzneien großen Schaden anrichten können!
Arzneien wirken am raschesten, wenn sie von der Mundschleimhaut aufgenommen werden und damit gleich ins Blut gelangen. Zerdrücken Sie eine Tablette zwischen zwei Löffeln, und streichen Sie sie mit einer angefeuchteten Fingerspitze auf die Zunge der Katze, wenn nötig, den Rest auf beide Vorderpfoten, denn die Tiere putzen sich ständig und nehmen die Wirkstoffe dadurch auf. Weil die meisten Tabletten oder Pulver einen süßlich-neutralen Geschmack haben, ist das bei vielen Katzen eine problemlose Prozedur.
Wenn es nicht möglich ist, die Arznei so einzugeben, verrührt man die Tablette in etwas Milch oder Trinkwasser, und schließlich kann

Vorgehenweise

man auch die zerriebene Tablette in etwas Hackfleisch geben oder sie auch mit Hackfleischkügelchen auftupfen oder irgendeine andere Lieblingsspeise als Träger verwenden. Die meisten Katzenbesitzer wissen genau, wann ihre Katze hungrig ist, und warten diesen Moment ab. Jetzt wird ein Überraschungshappen aus Wurst – oder anderem – mit der Tablette in der Mitte geformt, etwas kleiner als eine Kirsche, und ihr als Leckerbissen verabreicht. In flüssiger Form, in Alkohol aufgelöst, schmecken den Katzen die Arzneien nicht sonderlich gut. Einige Arzneimittel können auch mit Schmalz oder Butter vermischt werden. Streicht man dieses Gemisch dann an die Lippen oder Pfoten, leckt die Katze es größtenteils ab. Bei Tabletten, die nur ganz verabreicht werden dürfen (etwa Antibiotika bei Durchfallerkrankungen), lassen Sie sich vom Tierarzt beraten.

Wenn Sie bei Ihrer Katze mit diesen Methoden nicht durchkommen, müssen Sie die Tabletten in Wasser lösen oder in dünnbreiiger

Der Trick mit dem Lieblingsfutter

Abb. 9: Ein guter Trick: auch so können Katzen ihre Medizin einnehmen.

Untersuchung und Behandlung

Tabletten auflösen

Form eingeben. Am besten eignet sich dazu eine Pipette aus Plastik oder eine kleine Plastikinjektionsspritze ohne aufgesetzte Nadel, die Sie bei Ihrem Tierarzt oder in jeder Apotheke erhalten. Bei der Eingabe mittels einer Spritze werden die Lippenwinkel des Tieres etwa angehoben, ohne dabei Gewalt anwenden zu müssen. In den so entstandenen Hohlraum (Backentasche) bzw. durch die sichtbaren Zahnlücken hindurch wird das vorbereitete Arzneimittel hineingespritzt. Das Schlucken erfolgt dann meist ohne Schwierigkeiten.

Wenn Flüssigkeiten eingegeben werden sollen, gibt es drei Möglichkeiten.

– Die Lösung schmeckt so gut, daß Ihre Katze sie freiwillig aufleckt. Das ist der Idealfall. Natürlich müssen Sie dann keinen Zwang ausüben und setzen ihr das Medikament in einem kleinen Schüsselchen oder auf einem Teller vor.

Eine Pipette gehört in die Katzenapotheke

– Die Lösung schmeckt halbwegs akzeptabel, wird aber nicht freiwillig aufgeleckt. Das ist ein Fall für die Eingabeprozedur mit der Plastikspritze.

– Die Lösung schmeckt der Katze überhaupt nicht. Das ist problematisch. Sie werden Ihren Patienten ein- bis zweimal überlisten können, danach ist aber wahrscheinlich Schluß. Wenn irgend möglich, sollte die Arznei dann in Tabletten-, besser noch in Dragéeform verabreicht werden.

Zäpfchen: Viele Arzneimittel gibt es in Zäpfchenform (Suppositorien), was viele Vorteile hat. Das Medikament wird vom Darm schnell aufgenommen, die Wirkung setzt also rasch ein, und zudem lassen sich Zäpfchen sehr einfach verabreichen.

Sie können das Zäpfchen der Katze allein einführen, wenn sie sich nicht zu sehr wehrt. Dafür hält man sie auf dem Schoß. Manchmal ist ein Helfer ganz nützlich, ähnlich wie beim Fiebermessen.

Zäpfchen wirken rasch

Eine Hand ergreift wieder den Schwanz, die andere schiebt das eingefettete Zäpfchen zügig in den After. Normalerweise wird Ihre Katze nicht gerade glücklich über diese Prozedur sein. Wenn sie entwischt, kann das Zäpfchen leicht wieder ausgepreßt werden.

Vorgehensweise

Behalten Sie sie also noch etwa 15 Minuten auf dem Schoß, und befassen Sie sich liebevoll und ablenkend mit ihr.

Ohrentropfen verabreichen: Die Ohrmuscheln der Katze sind relativ klein und sehr beweglich. Meist hat sie nach dem Einträufeln der Tropfen nichts Eiligeres zu tun, als ihren Kopf kräftig zu schütteln, um mit Hilfe der Fliehkraft die Flüssigkeit wieder loszuwerden. Das gilt es zu verhindern.

Gehen Sie also bitte behutsam vor, dann schaffen Sie es auch ohne Hilfe. Die Tropfen sollten in der Hosentasche oder in der Hand angewärmt sein. Ziehen Sie sich eine Schürze über, und nehmen Sie die Katze auf den Schoß. Sanft, aber bestimmt wird das Köpfchen mit einer Hand so gedreht, daß die Ohröffnung nach oben zeigt. Der Daumen zieht die Ohrmuschel etwas nach hinten. Ohne Hast tropfen Sie nun in das weit geöffnete Ohr und massieren sogleich sanft den Ohransatz, um dem Tier das Kopfschütteln weniger attraktiv zu machen. Es wird sich dann auch bei der ohnehin notwendigen Wiederholung der Prozedur immer weniger sträuben.

Ohrentropfen handwarm verabreichen

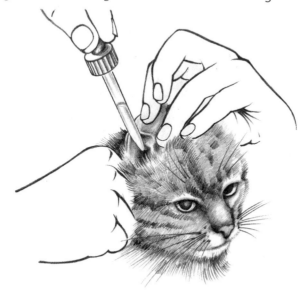

Abb. 10: Mit einem Helfer geht das Verabreichen von Ohrentropfen leichter.

Untersuchung und Behandlung

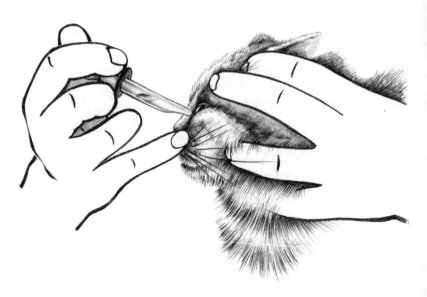

Abb. 11: Beim Verabreichen von Augentropfen legen Sie den kleinen Finger fest an die Nase der Katze, so kommen Sie dem Auge mit der Pipette nicht zu nahe.

Mit Hilfe geht es leichter

Augenpräparate: Wenn Sie das erste Mal bei Ihrer Katze Augentropfen oder -salben verabreichen müssen, benötigen Sie wahrscheinlich wieder eine Hilfsperson. Wenn sie erst einmal gemerkt hat, daß sie nicht entweichen kann und der Vorgang nicht schmerzhaft ist, geht es später auch allein.

Wärmen Sie die Präparate auch in diesem Fall vorher in der Hand an, denn kalte Tropfen oder Salben irritieren nicht nur Katzen-Augen. Dann wird die Katze sanft auf den Schoß genommen. Eine Hand faßt den Kopf, mit Daumen und Zeigefinger der anderen spreizen Sie vorsichtig die Lider auseinander. Jetzt sollte die zweite Person mithelfen. Das bedarf aber sorgfältiger Einweisung.

Die Tropfpipette darf höchstens einen Zentimeter vom Auge entfernt sein, um besser zielen zu können; die Salbe wird direkt zwischen Augapfel und Lid aufgetragen. Bei Augenpräparaten sind Pipettenspitze und Tubenöffnung abgerundet, eine Augenverletzung ist daher nicht möglich.

Vorgehensweise

Anlegen von Verbänden: Sollten Sie in die Verlegenheit kommen, Verbände selbst anlegen zu müssen, holen Sie sich am besten bei Ihrem Tierarzt Rat.

Das Anlegen eines Verbandes bereitet bei Katzen oft erhebliche Schwierigkeiten und kann zu einem kleinen Abenteuer werden. Gelingt es doch, so wird er oft über kurz oder lang wieder zerrissen und vom Leibe gezerrt, wobei dann manchmal noch zusätzliche Komplikationen entstehen können.

Da hilft leider nur Zwang. Die ganze Katze muß in einem Stoffbeutel eingebunden werden, bei dem nur noch der Kopf frei bleibt. Nur zu bestimmten Zeiten (Nahrungsaufnahme, Reinigung, Verbandswechsel usw.) darf sie ihn verlassen und für kurze Zeit frei herumlaufen.

Für das Anlegen eines Bauchverbandes bietet sich ein viereckiges, kräftiges Tuch an, das der Größe der Katze angepaßt sein muß und vier große Löcher für die Beine enthält. Dieses Tuch wird dem Patienten angezogen und über dem Rücken mit Bändern zusammengebunden. Ein solcher Verband schützt Wunden am ganzen Leib, läßt sich jederzeit bei Bedarf wechseln und übt verhältnismäßig geringen Zwang aus.

Anlegen eines Bauchverbandes

Verbände an den Beinen und am Schwanz müssen ausreichend fest angelegt und gut mit Heftpflaster an den Haaren und der Haut befestigt sein, damit sie nicht zu leicht abzustreifen sind.

Anlegen von Bein- und Schwanzverbänden

Kleinere Verletzungen, Kratzwunden, Bißwunden versorgt und reinigt die Katze durch Belecken selbst – Pflaster heben Sie besser für Ihre Kinder auf. Medikamente, die zur Wundbehandlung aufgetragen werden, leckt die Katze ebenfalls wieder ab, was ihrer Verdauung gar nicht gut bekommt. In dringenden Fällen sollten deshalb Antibiotika oder Sulfonamide eingegeben oder injiziert werden.

Untersuchung und Behandlung

Abb. 12: Bei Katzen müssen Verbände immer besonders gut befestigt werden.

Desinfektion: Besonders in der Einzelhaltung wird dem wichtigen Faktor der Vorbeugung zu wenig Beachtung geschenkt. Einige wenige Routinehandgriffe können jedoch helfen, Krankheiten zu vermeiden, besonders aufgrund von Hygiene in Haltung und Pflege. Täglich sollten Futter- und Trinknäpfe mit einer heißen Sodawasserlösung gereinigt werden. Auch Ruhe- und Schlafplätze (Körbchen, Sofakissen, Decken), Leinen und Halsbänder sowie Kletter- und Spielbäume sind wöchentlich einmal, Transportkörbe, -behälter und -taschen nach jedem Gebrauch zu reinigen.

Hygienische Vorbeugemaßnahmen

Die Katzenstreu ist nach Erfordernis täglich zu erneuern. Der Fußboden, auf dem die Katze ihr Domizil hat, sollte des öfteren mit einer milden Desinfektionslösung aufgewischt werden.

Für die Katze geeignete Desinfektionsmittel gibt es in Tierhandlungen, Apotheken und beim Tierarzt. Zur Desinfektion von Fußboden und Geräten eignet sich z. B. Mefarol = 40 ml in 10 Liter Wasser.

Denken Sie daran, Behälter, die desinfiziert wurden, anschließend nochmals gründlich nachzuspülen, damit kein Geruch haften bleibt, den die Katze ablehnt.

- Besonders wichtig ist die pflegende Hygiene natürlich dann, wenn Ihre Katze krank ist.
- Nach Operationen sollten Sie Ihrer Katze besonders liebevolle Pflege angedeihen lassen. Sie braucht es warm, also ein warmes, kuscheliges Deckenlager, und das Katzenklo in gut erreichbarer Nähe. Die Streu ist mehrmals täglich zu wechseln, sonst kann sich möglicherweise die Wunde infizieren. Sie können die Streu auch mit Küchenpapier abdecken.

Pflege nach Operationen

Untersuchung und Behandlung

Homöopathische Arzneimittel – Helfen sie auch?

Vielleicht überrascht es Sie, wenn ich auf den nächsten Seiten, bei der Besprechung von kleineren und größeren Beschwerden von Katzen, an vielen Stellen die Verabreichung homöopathischer Mittel empfehle. Immer noch glauben viele Menschen, daß die Wirkung dieser hochverdünnten Heilmittel auf Autosuggestion beruhe beziehungsweise auf dem reinen Glauben an ihre Wirkung. Die Anwendung homöopathischer Mittel bei Tieren und die Erfolge, die damit erzielt werden, sprechen jedoch eine andere Sprache, und wenn Ihnen selbst schon einmal eine solche Medizin geholfen hat, dann müssen Sie ohnedies kaum noch überzeugt werden.

Homöopathische Arzneien haben Vorzüge

Die Vorteile homöopathischer Mittel liegen auf der Hand:
– Nebenwirkungen, Vergiftungen und Überdosierungen sind ausgeschlossen.
– Sie sind geschmacklos und werden ohne jeden Widerstand aufgenommen.
– Homöopathika können sofort angewandt werden, auch wenn die Art der Erkrankung noch nicht ganz klar ist.
– Wenn kein Tierarzt in der Nähe ist, eignen sie sich hervorragend als Erste-Hilfe-Maßnahme, z. B. Arnika bei Verletzungsschock.
– Wenn das richtige Mittel gefunden ist, hilft es meist sehr schnell und kann alsbald wieder abgesetzt werden.

Homöopathische Heilmittel bestehen aus verschiedenen mineralischen, pflanzlichen und tierischen Ausgangsstoffen und werden nach ihrer Verarbeitung und Verdünnung mit neutralen Trägerstoffen (Wasser, Alkohol, Milchzucker) gemischt.

Richtiger Umgang...

Wenn Sie sich für ein homöopathisches Mittel entschieden haben, sollten Sie auf einige Dinge achten:
● Schon gleich zu Beginn der Störung sollte das Mittel zur Anwendung kommen. Manchmal kann man damit das Schlimmste verhüten. *Dosierung:* Bei akuter und rasch einsetzender Krankheit stündlich eine Gabe (Gabe = 1 Tablette oder 5 - 10 Kügelchen oder

Homöopathische Arzneimittel

5 - 10 Tropfen oder eine Messerspitze Pulver), etwa 3 - 6mal. Setzt die Besserung ein, Abstände vergrößern.

- Die Medikamentengaben sollten Sie nicht in zu kurzem Abstand wiederholen. Ein gutes Zeichen für die Wahl des richtigen Mittels ist es, wenn sich Ihr Tier wohler fühlt und gleich nach der ersten Eingabe ein Schläfchen hält. Das muß aber nicht unbedingt passieren.
- Wenn der Normalzustand erreicht ist, sollten Sie das Mittel nicht weiter geben, auch nicht »zur Sicherheit«!
- Tropfen nur in Notfällen, da sie meist Alkohol enthalten.
- Achten Sie auf die bei den Mitteln angegebenen Potenzen (Verdünnungsgrade), die mit einem D-Buchstaben gekennzeichnet sind.
- Aufbewahrt werden sollten homöopathische Arzneimittel getrennt von riechenden Parfüms, von Desinfektions- und Pflegemitteln, an einem Platz, der vor Licht und Wärme geschützt ist.
- Wenn Sie homöopathische Mittel für die Augen verwenden, sollten Sie die Urtinktur unbedingt verdünnen – 1 Tropfen des Medikamentes auf einen Teelöffel abgekochtes Wasser.

... mit Homöopathie

Was tun, wenn die Katze ...

Es würde den Rahmen diesen Buches sprengen, in diesem Kapitel alle Katzenkrankheiten, deren Symptome, mögliche Erste-Hilfe-Maßnahmen und Behandlungsmöglichkeiten aufzuzählen. Ich habe mich daher auf die wichtigsten und häufigsten Symptome und ihre möglichen Ursachen beschränkt und versucht, eine brauchbare »Übersetzungshilfe« für die Körpersprache Ihrer Katze zu bieten und Wege zu zeigen, wie Sie ihr bei kleineren Wehwehchen selbst helfen oder den Gang zum Tierarzt vorbereiten können.
Was tun, wenn Ihre Katze ...

... trübe oder wäßrige Augen hat

Bei einem gesunden Katzenauge sind die Lidbindehäute rosa, die Lederhaut weiß, die Iris klar gefärbt, und die Pupille reagiert auf verschiedene Lichtverhältnisse mit Öffnen oder Schließen.

Das Auge ist Spiegel ...

Das Auge der Katze ist ein Spiegel für ihr gesamtes körperliches Befinden, ähnlich wie beim Menschen, bei dem man ja manchmal mit Augendiagnostik weiter kommt als mit anderen diagnostischen Methoden. Glänzend und klar, voller Ausdruck, so soll das Katzenauge sein. Jede Verschleierung, jeder stärkere Tränen- oder gar Eiterfluß sollte keinesfalls auf die leichte Schulter genommen werden.
Wenn die Katze guten Appetit hat, fieberfrei ist und sich – von einer eventuellen Sehbehinderung durch kranke Augen abgesehen –

... trübe oder wäßrige Augen hat

normal benimmt, dann sollten Sie sich selbst die Katzenaugen einmal genau ansehen.
Sie kommen dabei ganz ohne spezielle Instrumente und Methoden aus. Sie brauchen dazu nur eine kleine Taschenlampe, mit der Sie – eventuell in einem abgedunkelten Raum – das Auge von schräg oben anstrahlen. Vielleicht lassen Sie sich dabei auch helfen. Glücklicherweise sind die Augen der Katze im allgemeinen recht gesund, und schwerwiegende Augenerkrankungen gehören zu den Seltenheiten. Chirurgische Eingriffe etwa bei Einrollung des Augenlids (Entropium), Neubildungen auf der Hornhaut, Tumoren in den Augenlidern oder gar dem Vorfall des Augapfels werden von erfahrenen Tierärzten vorgenommen.
Was im Alltag immer wieder vorkommt, das sind die bei Kämpfen untereinander entstehenden Verletzungen und Entzündungen.

... des Wohlbefindens

Verletzungen der Augen: Starken Verdacht auf eine Verletzung müssen Sie haben, wenn nur *ein* Auge verklebt und geschwollen ist. Katzen schützen ihre Augen sehr sorgsam, so daß die Verletzungen meistens nur die Lider und nicht den Augapfel betreffen. Durch Reiben und Scheuern können sich auch harmlose Risse entzünden. Die Augenlider sind dann geschwollen, manchmal auch eitrig entzündet, mit Borken oder kleinen Knötchen belegt. Tiefere Verletzungen und größere Risse gehören in die tierärztliche Behandlung. Wischen Sie auch das Auge nicht aus. Mögliche Fremdkörper im Auge wie beispielsweise feine Dornen können Sie dadurch noch tiefer hineinreiben. Haben Sie den Fremdkörper im Auge der Katze klar lokalisiert, dann und bitte nur dann und nicht etwa auf bloßen Verdacht hin können Sie vorsichtig mit einem Wattestäbchen die Entfernung versuchen. Aber bitte nur einmal versuchen und, wenn der Versuch mißlingt, gleich zum Tierarzt. Einfache Verletzungen in der Umgebung der Augen, der Lider und Backen können Sie mit lauwarmem Fencheltee oder mit Calendulatinktur auswaschen. 20 Tropfen Calendulatinktur kommen auf eine Tasse warmes Wasser, 3-4mal täglich mit einem Leinenläppchen (Watte fusselt) die Wunde für kurze Zeit befeuchten. Kommt

Mit Verletzungen sicherheitshalber zum Tierarzt

eine eitrige Entzündung hinzu, werden Sie in den meisten Fällen den Tierarzt aufsuchen müssen, der Ihrer Katze ein Antibiotikum verschreiben wird. Zusätzlich können Sie das homöopathische Mittel *Hepar sulfuris* in der D12 geben, 3mal täglich eine Tablette, bis zur Abheilung.

Augenbindehautentzündung: Infektionskrankheiten, Verletzungen, Fremdkörper wie etwa Staub oder Gräserpollen, Zugluft oder chemische Mittel wie beispielsweise ungeeignete Augentropfen können eine Augenbindehautentzündung hervorrufen.

Temperatur überprüfen

Das Auge wirkt verschleiert, wobei eine wäßrige bis schleimige Absonderung Krusten auf den Lidern bilden oder das Auge auch verkleben kann. Es sind beide oder auch nur ein Auge betroffen, die Bindehäute sind geschwollen und gerötet. Testen Sie, ob Ihre Katze Fieber hat – wenn nicht, dürfte eine Allgemeininfektion ausscheiden. Sie können etwa zweimal täglich durch tupfendes Abwischen die schleimige Absonderung entfernen. Nehmen Sie dazu ein Leinenläppchen oder Papiertaschentuch, das Sie in lauwarmen Augentrosttee getunkt haben. Zusätzlich können Sie Augentrosttropfen geben. Treten Eiterstippchen auf, geben Sie Hepar sulfuris D12 wie zuvor beschrieben. Wenn nach zwei Tagen keine Besserung eintritt, suchen Sie den Tierarzt auf, der Ihnen ein geeignetes Präparat verschreiben wird. Achten Sie unbedingt darauf, daß das Lager Ihrer Katze zugluftfrei ist. Schaffen Sie notfalls eine geschlossene, geschützte Schlafhöhle an.

»Verschleierte« Augen

Vorfall der Nickhaut: Neben dem oberen und unteren Augenlid besitzt die Katze ein drittes Augenlid, die sogenannte Nickhaut. Diese kann zum Schutz des Augapfels wie eine Membran fast die gesamte Augenoberfläche bedecken. Im Verlauf einer Bindehautentzündung, bei manchen Vergiftungen, aber auch bei einigen Magen-Darm-Krankheiten wird das dritte Lid in der Regel gelähmt und zieht sich halb über den Augapfel. Man spricht dann von einem Vorfall. Behandelt werden muß selbstverständlich die Grundkrankheit, die eben beschriebene Entzündung oder die Vergiftung –

... langsam kaut und speichelt

durch den Tierarzt. Gut am Auge sind immer *Augentrosttropfen*. Das dritte Lid kann auch wuchern, besonders nach verschleppten Bindehautentzündungen, und beeinträchtigt dann die Sicht. In diesem Fall muß es durch einen kleinen operativen Eingriff entfernt werden.

Hornhautentzündung: Durch Verletzungen nach Katzenkämpfen, öfter aber auch durch Gräser und Sträucher, besonders wenn Ihre Katze lange nicht mehr draußen war, kann der durchsichtige vordere Teil des Augapfels, die Hornhaut, verletzt werden. Ursache kann auch eine schwere Bindehautentzündung oder eine Virusinfektion sein. Die Oberfläche sieht dann mattweiß bis milchiggrau aus und wird zunehmend undurchsichtig. Das Auge wird dann meistens geschlossen gehalten.
Selten kann auch ein Geschwür der Hornhaut entstehen. Die Behandlung gehört in die Hände des Tierarztes.
Veränderungen des Augapfels und der Pupille nach Unfällen, Beißereien, Schlägen oder durch eine Drucksteigerung im Augapfel (Glaukom) gehören selbstverständlich ebenfalls in tierärztliche Behandlung.

Keine Selbstbehandlung!

... langsam kaut, speichelt und nicht mehr so richtig zubeißt

Wenn Ihre Katze langsam und vorsichtig kaut, nicht mehr richtig zubeißt und vermehrten Speichelfluß zeigt, ist das ein Zeichen dafür, daß in der Mundhöhle etwas nicht stimmt.

Zähne: Halten Sie sich stets vor Augen, daß Katzen zur Tierjagd geboren sind. Dafür sind auch ihre spitzen und scharfen Zähne geschaffen. Wer seine Katze ausschließlich mit Brei füttert, braucht sich nicht zu wundern, wenn die Zähne leiden. Zahnstein entwickelt sich meist nur dann, wenn das Futter zu weich ist. Eine Entfernung

Vor Zahnstein wird gewarnt

des Zahnsteines wird der Tierarzt mit einem Ultraschallgerät vornehmen. Das ist auch anzuraten, weil auf Dauer das Gebiß leidet: Zahnfleischtaschen bilden sich, worin sich Bakterien ansammeln, Entzündungen und sogar Geschwüre können entstehen. Auch bei Katzen kann durch falsche Ernährung Karies entstehen.

Karies durch falsche Ernährung

Was können Sie tun? Der Zustand der Zähne läßt sich durch das Futter beeinflussen. Harte Katzennahrung poliert die Zähne auf natürliche Weise, und wenn Sie ihr dieses Futter (Fleisch, Trockenfutter) konsequent anbieten, wird sie es schließlich auch fressen, auch wenn sie etwas anderes gewöhnt sein sollte.

Selten sind Zahnverletzungen, die Zähne müssen dann meist vom Tierarzt gezogen werden. Ebenso wie lockere und schmerzhafte Zähne – hier liegt meist eine Schädigung der Zahnwurzel vor.

Einen Anstoß für gute Zahnentwicklung kann *Calcium phosphoricum D6* geben. Man gibt dies schon dem kleinen Kätzchen ab dem 4. Monat, zweimal täglich eine Tablette.

Zahnfleischentzündung – Mundschleimhautentzündung:
Wenn Sie Ihrer Katze kurz in das Maul schauen, werden Sie entdecken, warum sie so zögernd kaut: Das Zahnfleisch ist nicht wie sonst blaßrosa, sondern gerötet, wirkt meist schwammig, geschwollen und blutet leicht. Möglicherweise hat sich die Entzündung schon auf die ganze Mundschleimhaut ausgebreitet.

Parodontose durch falsche Ernährung

Einfache Entzündungen der Zahnschleimhaut können durch falsche Nahrung verursacht werden, wenn Sie es etwa »sehr gut gemeint« haben und Ihrer Katze hauptsächlich Süßigkeiten und mageres Fleisch gegeben haben. Im Zweifelsfalle helfen Vitaminspritzen vom Tierarzt und die Umstellung auf besser geeignete Nahrung. Häufig ist auch ein Katzenschnupfen die Ursache für die Entzündung, wobei dann am Zungenrand und in der Mundschleimhaut Geschwüre auftreten können. Wenn Sie neben der Entzündung gleichzeitig noch Fieber, Schwäche, Schlafsucht und schlechten Geruch aus der Mundhöhle feststellen, geben Sie das homöopathische Mittel *Baptisia D6*, drei Gaben täglich bis zum Abklingen der Beschwerden. Daß Sie Ihre Katze bei diesen ernsten

Erscheinungen auch dem Tierarzt vorstellen, versteht sich von selbst.

Die Entzündung der Mundschleimhaut kann durch verschiedene Einwirkungen entstehen: Knochensplitter, Metallteile, Nadeln, Zahnstein, spitze Zähne, Ätzmittel, Insektenstiche, heiße Nahrungsmittel und Bakterien.

Unterschiedliche Ursachen

Die Schleimhaut des Mundes ist dann teilweise gerötet und geschwollen, manchmal mit schmierigen Belägen. Auch das Zahnfleisch und die Rachenmandeln können dabei entzündet sein (Gingivitis bzw. Tonsillitis). Das Tier speichelt viel, hustet, und das Schlucken scheint ihm schwerzufallen. Manchmal tritt dabei unangenehmer Mundgeruch und Appetitmangel auf.

Mundgeruch und Appetitmangel

Auch die Zunge kann entzündet sein. Die Zungenentzündung kann die gleichen Ursachen haben wie die Mundhöhlenentzündungen. Die Zunge ist dann etwas geschwollen und gerötet. Später entstehen darauf kleine Bläschen, die aufplatzen und Geschwüre bilden. Aus dem Mund fließt Speichel. Die Tiere verweigern die Nahrung, sind lustlos, abgeschlagen und matt.

Bei einfachen Zahnfleisch- und Mundschleimhautentzündungen können Sie Spülungen mit lauwarmem Salbeitee oder einer Mischung zu gleichen Teilen aus Arnikatinktur, Calendulatinktur und Myrrhentinktur (ein Teelöffel der Mischung auf ein Glas warmes Wasser) vornehmen. Zweimal täglich mit einer 10ml-Plastikspritze vorsichtig die Mundhöhle spülen. Sind neben der Entzündung auch die Ohrspeicheldrüsen, die Lymphknoten des Kiefers geschwollen, so empfiehlt sich das Mittel *Mercurius solubilis D6*, besonders auch, wenn sich Geschwüre zu bilden beginnen. Dreimal täglich eine Gabe bis zum Abklingen der Beschwerden. Weitet sich die Entzündung im Mund auf Rachen und Mandeln aus, können Sie einen sogenannten Prießnitz-Wickel anlegen, benannt nach seinem Erfinder: Wickeln Sie der Katze ein naßkaltes Taschentuch um den Hals, darüber einen trockenen wollenen Schal. Den Wickel sollten Sie zwei Stunden wirken lassen. Danach den Hals trockenreiben, die Katze trocken eindecken und abends das Ganze nochmals wiederholen. Und nicht vergessen: Bei ernsten

Salbeitee, Arnika- und Myrrhentinktur

Was tun, wenn die Katze ...

Erscheinungen oder wenn sich nicht bald Besserung zeigt, müssen Sie zum Tierarzt.

Fremdkörper: Durch Fremdkörper – Knochensplitter, Fischgräten, Nadeln – können, besonders wenn sie nicht frühzeitig entfernt werden, Mundschleimhautentzündungen ausgelöst werden. Auch durch das Ablecken scharfer Stoffe oder das Essen von Gräsern mit Schimmelpilz. Wenn Sie sehen, daß Ihre Katze sich ständig die Schnauze reibt und viel Speichel produziert, wird sie meistens an etwas Unangenehmem geleckt haben. Es kann sich aber auch ein Fremdkörper in der Mundhöhle befinden. Das sollten Sie kontrollieren, besonders, wenn sie zusätzlich würgt oder schlecht Luft bekommt. Entdecken Sie den Fremdkörper nicht oder ist er kompliziert zu entfernen, sollten Sie schleunigst den Tierarzt aufsuchen. Kommt es anschließend zu einer Entzündung, verfahren Sie wie zuvor beschrieben.

Vorsorglich zum Tierarzt

... sich ständig mit den Pfoten über die Ohren streift und den Kopf schüttelt

Gesunde Katzen haben auch gesunde Ohren, die nicht gesäubert werden müssen. Ein lebhaftes Spiel mit den Ohren ist kein Anzeichen von Krankheit, sondern nur ein Zeichen dafür, daß die Katze ihr leistungsfähiges Hörorgan gebraucht. Anders ist dies, wenn sie heftig den Kopf schüttelt und sich mit den Pfoten über die Ohren streift, um den Juckreiz zu lindern. Meist handelt es sich dann um eine

Gesunde Katzen haben gesunde Ohren

Gehörgangentzündung: In vielen Fällen wird die Entzündung durch Ohrmilben hervorgerufen. Man nennt dies Ohrräude. Durch das Blutsaugen der Milben im äußeren Gehörgang entstehen kleine Verletzungen, die zur Entzündung führen. Zunächst ist im Gehörgang ein grauweißer Belag zu sehen, der sich schließlich mit

... sich ständig über die Ohren streift

dem Ohrenschmalz braun färbt und den ganzen Gang verstopft. Man sieht trockene dunkle Krusten. Mit einer Lupe oder auch dem bloßen Auge kann man auf den Belägen winzige weiße Pünktchen entdecken, das sind die Milben. Vor Juckreiz und Schmerzen sind die Katzen sehr unruhig und schütteln ständig den Kopf. Die Behandlung ist nicht sehr schwierig, aber langwierig. Besorgen Sie sich ein katzenspezifisches, ölhaltiges Milbenpräparat. *Perubalsam* ist ein speziell geeignetes Mittel. Die Öltropfen werden einmal täglich reichlich in das Ohr geträufelt, der Ohrgrund dann massiert. Das Öl verklebt den Milben die Atemöffnungen, und sie sterben ab. Die Katze wird sich schnell an die Prozedur gewöhnen, wenn sie bemerkt, daß der Juckreiz gelindert wird. Diese Kur sollten Sie aber mindestens einen Monat lang durchführen. Im Gehörgang gibt es viele Nischen und Krusten, wo einige Milben überleben können. Der Rückfall kommt dann schnell. Nach Besserung schmieren Sie den Gehörgang nur noch alle zwei Tage, dann alle drei Tage und schließlich einmal in der Woche. Die Milbe hat leider eine unangenehme Eigenschaft: Sie breitet sich gerne aus. Wenn Sie bei einer Katze, die mit mehreren Artgenossen oder Hunden zusammenlebt, Ohrmilben feststellen, sollten Sie alle vierbeinigen Hausgenossen mitbehandeln. Wenn man sie bei der Mutter übersehen hat, leiden ganze Würfe unter den Milben. Bei jungen Tieren kann sich die Entzündung viel leichter auf das Mittelohr ausweiten und Nervosität und Gleichgewichtsstörungen verursachen.

Entzündungen des Gehörgangs können auch durch Ansammlung von Ohrenschmalz und Krustenbildung entstehen. Das ist nicht so selten, da der Gehörgang der Katze ziemlich eng ist und geknickt verläuft. Klarheit bringt ein Blick ins Ohr: Es braucht nicht das sauberste zu sein, stellen Sie aber dicke Krusten, dickschmieriges Ohrenschmalz und einen nicht so angenehmen Geruch fest, dann kennen Sie mit großer Wahrscheinlichkeit den Übeltäter. Nehmen Sie zur Entfernung des Schmalzes auf keinen Fall Wattestäbchen. Damit befördern Sie das Schmalz nur noch weiter in den Gehörgang hinein. Zur Entfernung gibt es im Zoogeschäft oder beim Tierarzt spezielle Präparate, die Sie zur Säuberung des Ohres in

30tägige Öl-Kur gegen Milben

Übertragung auf den Wurf

Niemals Wattestäbchen verwenden

Was tun, wenn die Katze ...

reichlicher Menge Ihrer Katze ins Ohr träufeln. Dann kurz den Ohrgrund massieren. Beim nächsten Kopfschütteln fliegt zusammen mit der Flüssigkeit der Ohrenpfropf hoffentlich heraus. Reinigen Sie nach zwei Tagen die Ohren erneut. Kommt es dann zu keiner Besserung, sollten Sie den Tierarzt aufsuchen.

Ohrschütteln

Auch ein Fremdkörper im Ohr kann die Katze zu heftigem Schütteln zwingen. Dieser Verdacht sollte auftauchen, wenn das Schütteln und Über-die-Ohren-Streifen nach einem Ausflug beginnt und nur ein Ohr betrifft. Meist sitzt der Fremdkörper dann tief im Gehörgang und muß vom Tierarzt entfernt werden. Bitte nicht selbst versuchen, Sie können nur verschlimmern und den Fremdkörper noch tiefer ins Ohr hineinstoßen.

Gleichgewichtsstörungen

Mittelohrentzündung: Selten schließt sich an eine Entzündung des äußeren Gehörganges eine Mittelohrentzündung an. Katzen haben dann Gleichgewichtsstörungen, neigen den Kopf auf die betroffene Seite und laufen unsicher auf und ab. Hier muß der Tierarzt ein Antibiotikum verschreiben.

Ohrverletzungen durch Kämpfe

Verletzungen: Durch Katerkämpfe kann es zu Verletzungen der Ohrränder kommen, die sich entzünden, möglicherweise auch geschwürig. Gut wirkt hier *Joahnniskrautöl*, mit dem Sie zweimal täglich die entzündeten Ohrränder vorsichtig einreiben. Zusätzlich geben Sie zweimal täglich *Silicea D12* bis zur Heilung. Ist kein Erfolg zu verzeichnen, suchen Sie natürlich umgehend den Tierarzt auf. Auch ein Bluterguß am Ohr, zwischen Haut und Ohrknorpel, kann eine Kampffolge sein. Versuchen Sie *Arnika D30*, 4mal täglich eine Tablette, und zusätzlich *Arnikasalbe*, dünn auf den Bluterguß aufzutragen, morgens und abends. Geht der Erguß nicht zurück, muß der Tierarzt ihn durch einen kleinen Schnitt entfernen.

... mit feuchter Nase ständig schnieft

Krankheiten der Atemwege: Treten Erkältungskrankheiten aus heiterem Himmel auf, so sind zwei homöopathische Arzneien von Bedeutung: *Aconitum D6* als erstes Mittel bei akuten, fieberhaften, plötzlich auftretenden Erkältungen. Einige Gaben am ersten Tag – *Aconit* wirkt bereits bei den ersten Entzündungszeichen. Wird die stürmisch auftretende Erkältung dadurch nicht gestoppt, so geben Sie *Belladonna D6*, einige Gaben zwei Tage lang, bei Besserung bis zur Ausheilung. Zur Abwehrsteigerung können Sie *Echinacea D1*, zweimal täglich 15 Tropfen, dem Futter beimengen.

Homöopathische Erkältungsmittel

Entzündung der Nasenschleimhaut: Schnupfen erkennt man leicht: Ihre Katze niest und schnieft öfter und kratzt sich an der Nase. Meist wird sie mehr oder weniger starken Ausfluß haben, wäßrig bis schleimig, eitrig oder sogar blutig. Die häufigste Ursache für Schnupfen (wenn Ihre Katze nicht geimpft wurde) ist eine Infektionskrankheit, die unter den Sammelbegriff Katzenschnupfen fällt. Das sieht dann wie ein sehr schwerer Schnupfen beim Menschen aus (Katzenschnupfen siehe Seite 68). Schwere Krankheitsfälle, in deren Verlauf Fieber auftritt und die Katze keinerlei Appetit hat und schwach ist, müssen tierärztlich behandelt werden, einerlei ob es sich um Katzenschnupfen handelt oder nicht. Aber auch sonst können sich Katzen erkälten. Wenn Ihre Katze keinen Appetit hat, sollten Sie sie auf keinen Fall zum Fressen zwingen. Der Tierarzt entscheidet, wann mit Zwang gefüttert werden muß. Es kann (für Mensch und Tier!) sehr sinnvoll sein, die ersten Tage während einer Krankheit nichts zu essen. Bieten Sie Ihrer Katze immer frisches Wasser an, wenn sie es verträgt, auch frische Milch, sowie kleine Essensportionen. Um den Krankheitsverlauf zu kontrollieren, führen Sie tägliche Fiebermessungen durch. Steigt die Temperatur an, verschlechtert sich der Zustand des Tieres, sollten Sie den Tierarzt aufsuchen.

Katzenschnupfen

Täglich Fieber messen

Und was können Sie sonst tun? Gute Betreuung, Pflege und Zu-

Was tun, wenn die Katze ...

Luftfeuchtigkeit und Wärme

wendung sind wichtige Eckpfeiler jeder Therapie, damit Ihre Katze bald wieder gesund wird. Sorgen Sie dafür, daß die Atemluft im Zimmer feucht (am besten um die 50 % Luftfeuchtigkeit) und warm (jedoch nicht über 20°C) ist. Zugluft ist zu vermeiden, sie ist »Gift« bei jeder Krankheit. Wenn die Nase oder die Augen verkleben, säubern Sie sie vorsichtig mit einem sauberen Lappen oder Papiertaschentuch, das Sie mit verdünnter Kamillentinktur oder lauwarmem Kamillentee getränkt haben. Fällt der Katze das Atmen immer schwerer, geben Sie abschwellende Nasentropfen, die Ihnen der Tierarzt verschreibt. Zum Tierarzt sollten Sie auch dann, wenn das Nasensekret eitrig oder blutig wird.

Inhalationsmethoden

Wenn es sich Ihre Katze gefallen läßt, können Sie auch Inhalationen durchführen: Setzen Sie die Katze dazu auf einen Stuhl mit durchlöcherter Sitzfläche, und decken Sie sie mit einem Korb zu. Unter den Stuhl stellen Sie einen Topf mit dampfender Inhalationsflüssigkeit. Nehmen Sie einen Eßlöffel Kamillentinktur auf einen Liter Wasser oder soviel Kochsalz, daß noch ungelöstes Salz im Wasser zu sehen ist, oder einen starken Kamillentee, und lassen Sie Ihre Katze täglich 10 Minuten inhalieren. Die Entfernung vom Topf zum Stuhl oder die Temperatur des Wassers ist so zu wählen, daß der Dampf zwar hochsteigt, aber nicht zu heiß ist und zu Verbrühungen führt. Bei wäßrigem Nasensekret geben Sie drei Gaben *Natrium muriaticum D12;* ist der Nasenausfluß dicker, *Hepar sulfuris D30,* eine Gabe täglich.

Husten

Entzündung der Kehlkopf-, Rachen- und Luftröhrenschleimhaut: Bellender und krächzender Husten oder häufiges Miauen bei ungewohnter Kopfhaltung berechtigen zum Verdacht auf Kehlkopf- und Rachenentzündung (Laryngitis, Pharyngitis). Auch der Kehlkopfkatarrh tritt oft in Verbindung mit Infektionskrankheiten auf. Aber auch Erkältungen, reizende Gase, Staub, Fremdkörper, Gewächse, Vergiftungen und Parasiten sind mögliche, wenn auch seltenere Ursachen.

Anfangs ist häufig ein trockener, gelegentlich auch schmerzhafter Husten zu verzeichnen. Später wird dieser feucht. Drückt man leicht

... ständig schnieft

auf den Kehlkopf, so werden Husten, Abwehr- und Würgebewegungen ausgelöst. Manchmal sind auch Rasselgeräusche zu hören, die Katze hustet beim Trinken von kaltem Wasser oder beim Einatmen kalter Luft. Die »Stimme« ist verändert. Eine Vergrößerung der Kehlgangslymphdrüsen und Anschwellung des Kehlkopfes kann zuweilen bemerkt werden. Der Appetit ist manchmal vermindert und die Körpertemperatur geringgradig erhöht.
Der Patient sollte dann nur mäßig warme und nicht zu trockene Luft atmen. Zugluft wäre auch hier von großem Nachteil. Schleimlösende Präparate sind hier das Mittel der Wahl, aber nur, wenn die Katze sie freiwillig mit ihrem Futter aufnimmt. Künstliches Eingeben mit Hilfe von Pipetten oder Spritzen kann zum Verschlucken führen. Bei sehr ruhigen Katzen können Sie es auch hier mit Inhalationen probieren.
Gut wirksam ist auch der bei Mundschleimhautentzündung beschriebene Prießnitzwickel. Verschlimmert sich die Krankheit, müssen Sie natürlich zum Tierarzt. Dort bekommen Sie, wenn nötig, auch Hustensaft zur Hustendämpfung.

Zugluft ist »Gift«

Entzündung der Bronchien: Oft tritt eine Bronchitis in Begleitung oder im Gefolge eines Schnupfens auf. Ein ungünstig verlaufender Schnupfen kann sich auch auf die Bronchien legen. Ursache für die Bronchitis sind meist Infektionskrankheiten, seltener reizende und heiße Gase, Rauch, Staub, Allergene und Fremdkörper.
Bei der Bronchitis schwellen die Bronchialschleimhäute an und sondern vermehrt Schleim ab. Beim Abhören der Brustwand kann der Tierarzt deutliche Rasselgeräusche feststellen. Der Husten ist rauh, feucht und manchmal von Würgebewegungen begleitet. Gelegentlich stellt sich auch schleimiger bis eitriger Nasenausfluß ein. Die Körpertemperatur ist mäßig erhöht (ein Anstieg deutet auf Verschlimmerung, meist eine Lungenentzündung, hin!). Das Tier hat wenig Appetit, ist matt und teilnahmslos und hustet wie bei einer Kehlkopfentzündung. Der Husten klingt aber weniger scharf und fördert Schleim zutage. Er läßt sich nicht so prompt auslösen, wenn nicht gleichzeitig eine Kehlkopfentzündung besteht.

Bronchitis

Regelmäßig Fieber messen

Die pflegerischen Maßnahmen entsprechen denen bei Schnupfen; wie bei allen Erkältungskrankheiten muß die Raumluft frisch, feucht und warm sein, ohne Zugluft. Bei der Behandlung kommt es darauf an, den meist vorhandenen zähen Schleim in den Bronchien zu lockern und den Auswurf zu fördern. Dabei helfen Prießnitz-Umschläge (drei Stunden um den Brustkorb) und spezielle schleimlösende Präparate (Sekretolytika), die die Katze aber freiwillig aufnehmen sollte. Ein altes Hausmittel ist für diesen Zweck auch Honigmilch, in die man trickreich das schleimlösende Medikament einrühren kann. Auf hustendämpfende Mittel sollten Sie jedoch verzichten, da der Husten in diesem Falle die Bronchien reinigt und freihält.

Schleimlösung mit Honigmilch

Wenn Sie Ihre Katze nun auch noch zu einer Inhalation bewegen können, sollte es der Bronchitis wohl rasch an den Kragen gehen. Zur Inhalation sind auch *Huflattich* und *Thymian* gut geeignet (Tee aus der Mischung zu gleichen Teilen). Bei starkem Krampfhusten geben Sie homöopathisch *Cuprum aceticum D4*, dreimal am Tag.

Entzündung der Lunge – Pneumonie: Bei der Lungenentzündung besteht immer akute Lebensgefahr! Je nach den Veränderungen in den Lungen unterscheidet man verschiedene Formen von Lungenentzündungen. So kann z. B. im Verlauf einer Bronchitis auch eine Lungenentzündung entstehen.

Sind nur kleine Luftröhrenäste (Bronchien) und die Lungenbläschen (Alveolen) entzündet, dann spricht man von einer Bronchopneumonie. Kommt eine bakterielle Infektion dazu, entwickelt sich eine eitrige Pneumonie. Gelangen Fremdkörper oder irgendwelche reizenden Stoffe (Futter, Flüssigkeiten, Gase) in die Luftröhre und Lungen, entsteht eine Fremdkörperpneumonie.

Atemnot

Bei der Lungenentzündung wirkt die Atmung anfangs angestrengt und flach. Im weiteren Verlauf wird sie tiefer und pumpend, oftmals mit offenem Mund und eingefallenen bzw. aufgeblasenen Wangen (Backenblasen). Tritt hochgradige Atemnot ein, so sitzt die Katze mit gestrecktem Kopf und Hals auf der Hinterhand. Feuchter Husten und schleimiger bzw. schleimig-eitriger Nasenausfluß sind weitere Begleiterscheinungen. Die Körpertemperatur ist auf über 40°C erhöht. Bei gestörtem Allgemeinbefinden sind die Tiere matt und nehmen schlecht Nahrung auf.

Sie können bei einer Lungenentzündung nur wenig für die unmittelbare Behandlung tun. Dafür ist es um so wichtiger, die erforderliche häusliche Nachbehandlung sorgfältig durchzuführen. Der Tierarzt wird Bakterien durch Antibiotika oder Sulfonamide bekämpfen, in Kombination mit schleimlösenden und die Abwehrkräfte stärkenden Präparaten.

Nachbehandlung bei Lungenentzündung

Es ist lebensnotwendig für die Katze, daß Sie die ärztlichen Anweisungen genau befolgen. Der häufigste Fehler: Bei rascher Besserung wird die Behandlung zu schnell abgebrochen, »um das Tier nicht mehr zu quälen«. Dabei sind Rückfälle gerade bei Lungenentzündungen zu fürchten.

Eine Spezialform der Lungenentzündung verläuft besonders schwer. Sie entsteht meist durch unsachgemäße Zwangsfütterung oder fehlerhafte Eingabe von Arzneimitteln. Infizierte Futterteile können dabei durch Verschlucken in die Lunge gelangen. Das führt zur sogenannten Fremdkörperpneumonie. Die örtliche Entzündung in der Lunge will nicht weichen, solange der ständige Erregernachschub anhält. Charakteristisch ist ein süßlich-fauliger Geruch der Ausatmungsluft.

Gefahr durch Futterzwang

Auch bei der Pneumonie sollten kranke Tiere zur Förderung der Heilung in einem durchzugfreien, gut gelüfteten, staubfreien und warmen Raum mit hoher Luftfeuchte gehalten werden.

Fremdkörper, Gewebsneubildungen, Parasiten: Niesen und Schniefen kann auch von Grannen und Ähren von Gräsern herrühren, die beim Herumstreifen auf Wiesen und Feldern aufgenommen werden. Auch in Kehle und Luftröhre können sich Fremdkörper festsetzen. Plötzliches heftiges, andauerndes Niesen, verbunden mit heftigen Kopfbewegungen und gelegentlichem Ausfluß von rotem Blut aus einer Nasenöffnung, deuten auf einen Fremdkörper hin.

Von den Knochen der Nasenhöhlen und vom Knochenmark gehen

Polypen und Wucherungen

manchmal Neubildungen aus. Ebenso können sich Gewächse am Kehlkopf (Tumoren) und an der Luftröhre bilden. Im Nasengang sind manchmal Polypen vorhanden.
Bei älteren Tieren bilden sich in der Lunge gelegentlich Geschwülste, die von der Schilddrüse ausgehen.
Bei Geschwülsten, Gewächsen und Neubildungen im Nasengang kann der Nasenrücken aufgetrieben sein, oder die Augäpfel treten hervor.
Gewächse am Kehlkopf und an der Luftröhre führen zu Hustenanfällen, Veränderungen der Stimme, Rasselgeräuschen bei der Atmung und schließlich zu Atemnot. Bei Lungengeschwülsten zeigt sich mehr oder weniger eine ausgeprägte Atemnot. Lungenblutungen und Fieber treten hinzu. Die Tiere sind matt und magern ab.
Parasiten im Nasengang äußern sich ähnlich wie Fremdkörper, begleitet von Nasenkatarrh und Ausfluß. Eine Lungenwurmart ruft die Pneumonia verminosa hervor. Meist sind dabei nur geringe Rasselgeräusche, leiser Husten, etwas angestrengtes Atmen und ein wenig schleimiger Nasenausfluß zu bemerken. Auffällig aber sind Mattigkeit, verminderte Freßlust, Abmagerung und glanzloses Haarkleid.
Eine Behandlung all dieser Ursachen kann nur der Tierarzt vornehmen.

... sich unentwegt kratzt

Parasiten und Hautekzeme

Katzen unternehmen gerne ausgedehnte Spaziergänge ins Gelände, allein oder zusammen mit ihren Artgenossen, von wo sie schon gelegentlich, besonders in der warmen Jahreszeit, einen juckenden Plagegeist mit nach Hause bringen können. Denken Sie aber daran, daß schwache, schlecht genährte und kranke Tiere deutlich häufiger als angemessen und artgerecht gehaltene Katzen von Parasiten und auch Hautekzemen befallen werden. Das Fell einer gesunden Katze glänzt, die Haut ist straff, Berührungen werden als angenehm empfunden. Beim Kämmen geht nur eine überschaubare Menge von Haaren aus – der zweimalige Haarwechsel im Jahr natürlich ausgenommen.

Flöhe: Katzen- oder Hundeflöhe, aber auch andere Floharten können schon mal zu unfreiwilligen Hausgenossen werden. Glücklicherweise fühlen sich Tierflöhe auf der nackten Menschenhaut nicht wohl, so daß sich nur gelegentlich und vorübergehend einer zum Katzenpfleger verirrt. Allerdings können sie Krankheiten (bestimmte Bandwurmarten) übertragen.

Flöhe können Krankheiten übertragen

Die ständigen Bewegungen dieser blutsaugenden Insekten rufen einen Juckreiz hervor, der die Katze zum öfteren Kratzen, Scheuern und Belecken des Fells veranlaßt. Zum Nachweis von Flöhen wird das Fell gebürstet, wobei der Flohkot durch kleine, bräunliche Schuppen in der weißen Unterwolle gut sichtbar wird.

Gegen Flöhe, Zecken, Läuse und Haarlinge befinden sich viele Präparate im Handel. Mit speziellen Stoffen imprägnierte Plastikhalsbänder zur Flohbekämpfung wirken drei Monate lang.

Aufgrund der Arzneimittelempfindlichkeit der Katze hat die Anwendung von Parasitenbekämpfungsmitteln nicht wahllos zu erfolgen. Man sollte damit vorsichtig umgehen, damit diese Präparate nicht in die Augen oder in Wunden gelangen oder gar abgeleckt werden können. Hierzu ist die Gebrauchsanweisung der Herstellerfirma zu beachten und der Rat eines Tierarztes einzuholen.

Präparate-Auswahl mit dem Tierarzt besprechen

Vorbeugend und parallel zur Behandlung sind auch die Umgebung der Katze, das Lager, der Aufenthaltsraum und evtl. auch die anderen Hauskatzen in die Ungezieferbekämpfung mit einzubeziehen. Fußboden, Ecken, Ritzen, Lagerstätten usw. sind mit den entsprechenden Präparaten zu besprühen. Damit die kleinen Tierchen nur vorübergehende Gäste in Ihrem Heim bleiben, müssen Sie wissen, daß sich die Eier und Kindheitsformen der Flöhe im Lager der Katze und in Ritzen und Fugen der Wohnung entwickeln. Daher ist der Staubsauger wichtiges Bekämpfungsutensil. Polster

Auch das Katzenlager säubern

und Kissen komplett wechseln und sorgfältig mit dem Staubsauger bearbeiten.
Baden mit einem entsprechenden Zusatz sollten Sie Ihre Katze nur bei Massenbefall mit Flöhen. Die Flöhe werden zwar sämtlich vernichtet, der Katze wird das Bad aber nicht gefallen. Flohpuder ist da günstiger. Alle Maßnahmen sind längere Zeit durchzuführen, bis Sie sicher sind, daß sämtliche in Ihrer Wohnung versteckten Kolonien vernichtet sind.

Gefahrenmonate: August bis Oktober

Läuse und Haarlinge: August bis Oktober sind die Monate, in denen sich Ihre Katze Läuse und Haarlinge einfangen kann. Katzenwelpen und Jungkatzen sind manchmal sehr stark damit befallen. Haarlinge kann man bei jungen Tieren mit schlechtem Allgemeinzustand meist auf dem Kopf oder auch über den ganzen Körper verteilt finden. Uns Menschen lassen Katzenläuse und Haarlinge glücklicherweise meistens in Ruhe. Bei gepflegten Katzen sind diese Parasiten ausgesprochen selten.
Die ovalen Laus-Parasiten sind stecknadelkopfgroß, blaugrau gefärbt und auf der Hautoberfläche zu sehen. Sie saugen Blut und erzeugen Juckreiz durch Bohren und Kriechen auf der Haut. Ihre weißen Eier (Nissen) kleben Läuse in die Haare. Wenn sich die Tiere kratzen, kann es zu Haarausfall und Hautentzündungen kommen, starker Parasitenbefall kann zu Blutarmut und Abmagerung führen.
Läuse sind wie Flöhe aufzuspüren, sie springen jedoch nicht weg. Einzelne Exemplare lassen sich mit einem speziellen Kamm entfernen. Da sich aber aus den Nissen wieder neue Nachkommen entwickeln, ist ein insektizides Halsband zu empfehlen.

Achtung: Nissen!

Gleich zu Anfang und vor allem bei stärkerem Befall ist ein Insektizid-Bad eine gute Idee: nach Anweisung sollte es wiederholt werden. Ihre Katze wird daran keine sonderliche Freude haben, aber Läusebefall sollte man nicht auf die leichte Schulter nehmen. Die Bekämpfung dieser Plagegeister muß einmal wöchentlich einen Monat lang wiederholt werden, um auch die aus den Eiern neu ausgeschlüpften Nachkommen zu vernichten.

... sich unentwegt kratzt

Haarlinge sind nur 1-2 mm lang und werden häufig mit Läusen verwechselt, weil auch sie ihre Eier an den Haaren festkleben. Haarlinge verursachen Juckreiz, saugen aber kein Blut, sondern ernähren sich von Hautschuppen und Haarteilen. Die Behandlung ist die gleich wie bei Flohbefall.

Behandlung längere Zeit durchführen

Herbstgrasmilbe: Wenn Sie im Herbst durch die Wiesen wandern, wundern Sie sich vielleicht manchmal, wenn es in der Nacht zu jucken beginnt und am nächsten Morgen mückenstichartige Quaddeln zu entdecken sind. Die Ursache sind Herbstgrasmilben (Trombicula), die in einigen Gegenden häufig vorkommen. Sie befallen in dieser Jahreszeit auch Katzen und führen bei ihnen zu Blutungen mit starkem Juckreiz. Die Milbe bevorzugt bei Tieren mit zarter Haut und feinem, glatten Haarkleid dünne, ungeschützte Hautstellen wie Augengegend, Lippen, Nasenrücken, Ohrmuscheln, Schenkelinnenflächen, Unterbauch, Schwanzende und Zwischenzehenspalt. Man kann auch hanfsamengroße, rote Knötchen und kleine Flecken am Kopf und an den Pfoten finden. Mit der Lupe lassen sich gelegentlich – auf der Haut als rote Pünktchen sichtbar – sich lebhaft bewegende Milben erkennen. Aus den Knötchen können sich Pusteln bilden, die sich allmählich in markstückgroße, kahle oder schwach behaarte Flecken umwandeln.
Ein Ungezieferhalsband schützt die Katze recht zuverlässig. Weitere Bekämpfung wie bei Flöhen.

Starker Juckreiz

Zecken (Holzbock): Zecken sind verhältnismäßig große, blutsaugende Parasiten. Ist ihr Körper mit Blut vollgesogen, nimmt er eine Kugelform an und vergrößert sich beim Weibchen um das Vielfache. Die Zecke bohrt sich mit ihrem Rüssel in die Haut ein und kann durchschnittlich etwa bis zu 0,4 ml Blut auf einmal aufnehmen. Der vollgesogene Hinterleib erscheint dann braun oder blaugrau gefärbt. Die festgesaugte Zecke löst einen Juckreiz aus, das Tier kratzt sich, was dann auch zu örtlichen Entzündungen der Haut führen kann. Zecken werden Sie an den sich sorgfältig putzenden Katzen nur an Stellen entdecken, an die sie mit der

Achtung: »Vampire«!

Zunge nicht heranreichen. Alle Entwicklungsstadien der Zecken sitzen auf Gräsern und Sträuchern. An vorbeistreifenden Tieren heften sie sich fest und suchen dabei die wenig behaarten Hautteile auf. Mit vereinzeltem Zeckenbefall ist meistens in den späten Sommermonaten zu rechnen. Holzböcke können auch den Menschen befallen.

Zecken nicht herausreißen!

Zecken soll man nicht herausreißen, weil meistens die Mundpartien in der Haut zurückbleiben und örtliche Eiterungen hervorrufen. Betupfen Sie einfach die Zecke mit Öl, schon nach kurzer Zeit fällt sie dann ab, oder Sie können sie ausdrehen. Auch ein Halsband, das mit speziellen Parasitenmitteln getränkt ist, kann angelegt werden. Sollte die Katze einmal stärker mit Zecken befallen sein, kann man wie bei der Bekämpfung der Flöhe verfahren.

Räude (Skabies): Räude ist eine durch verschiedene Räudemilben hervorgerufene Hauterkrankung, die sich vor allem bei ungepflegten und schwachen Tieren über den ganzen Körper ausbreiten kann. Sie ist auch auf den Menschen übertragbar, daher ist auf äußerste Hygiene (Katzen möglichst nicht mit der bloßen Hand anfassen) und schnellstmögliche Behandlung beim Tierarzt zu achten.

Auf den Menschen übertragbar

Es handelt sich um einen Befall von kleinen Milben, wobei diese Parasiten Gänge in die Haut bohren. Die Veränderungen beginnen normalerweise am Ohransatz. Sie verbreiten sich dann über das ganze Ohr, die Augenlider, das Gesicht und den Nacken. Durch das Kratzen werden gelegentlich auch die Pfoten befallen. Die Haut ist verdickt und faltig. Auf ihr befinden sich dichte, kleieartige Beläge, die im Laufe der Zeit zu dicken, trockenen, graugelben und rissigen Borken werden. Heftiger Juckreiz und Haarausfall sind die Begleiterscheinungen.

Diagnose durch den Tierarzt

Wichtig ist die genaue Diagnose durch den Tierarzt. Die etwas umständliche und bei Katzen keineswegs harmlose Räudekur sollte man nicht auf bloßen Verdacht hin machen. Die kranke Katze braucht viel Zuwendung und gute Pflege. Das allein kann ihren Zustand schon sehr bessern.

Räudekranke Katzen sollten unbedingt isoliert werden, sofern noch weitere Tiere im Haus sind. Lager, Kamm und Bürsten müssen sorgfältig desinfiziert werden, um einen Neubefall zu verhindern. Am besten reibt man die Katze mit einem vom Tierarzt empfohlenen Mittel ein, was gewöhnlich 2mal wöchentlich, 2 - 3 Wochen lang, geschehen muß.
Homöopathisch helfen können Sie nur indirekt durch Veränderung des Hautterrains. Mit *Sulfur D6*, 3mal täglich, können Sie die Gesundung der Haut unterstützen.

Pilzkrankheiten der Haut: Die verbreitetsten, juckenden Pilzerkrankungen der Katze sind die Mikrosporie (scherende Flechte) und die Trichophytie (Glatzflechte). Schlechte Pflege und Haltung des Tieres begünstigen die Infektion. Von Bedeutung ist, daß diese Pilzerkrankungen nicht nur von Tier zu Tier durch Kontakt und über Gegenstände, sondern auch vom Tier auf den Menschen und umgekehrt übertragen werden können. Aus diesem Grund ist die Krankheit baldmöglichst und gründlichst durch einen Tierarzt auszukurieren. Erforderlich sind außerdem gute Pflege und Ernährung. Parallel zur Behandlung muß die alte Umgebung der Tiere gründlich gereinigt und entseucht werden. Genaueres über das Krankheitsbild siehe unter Infektionskrankheiten (Seite 76).

Sorgfältige Desinfektion

Hautausschlag (Ekzem): Die Ursachen für Hautausschläge sind nicht einfach zu bestimmen, zudem müssen Pilz- und Parasiten-Befall ausgeschlossen werden. Das ist für einen Tierarzt schon schwierig genug, um so mehr für den Laien. Diagnose und Behandlung sind daher dem Tierarzt zu überlassen.
Ein **Ekzem** ist eine flächenhafte, entzündliche Erkrankung der Oberhaut und der obersten Schicht, der Lederhaut. Charakteristisch ist bei dieser Hauterkrankung der Juckreiz. Überwiegend treten trockene, weniger häufig nässende Ekzeme auf.
Das **akute Ekzem** beginnt mit fleckenförmigen Veränderungen der unteren Halspartie und des Schweifansatzes. Dort findet man stecknadelkopf- bis erbsengroße Papeln, die mit bräunlichen Kru-

Diagnose durch den Tierarzt

sten bedeckt sind. Bei fortschreitender Erkrankung können sich diese über den Rücken und schließlich über den ganzen Körper ausbreiten, wobei meistenteils der Kopf und die Beine nicht befallen werden. Auf den erkrankten Hautpartien kann es zu Haarausfall kommen.

Beim **chronischen Ekzem** befinden sich kleine Papeln am Kehlgang und an der unteren Halspartie. Diese breiten sich später über den Rücken und die Lenden aus. Juckreiz und Haarausfall sind nicht so stark.

Ernährungskorrektur

Mögliche Ursache für Ekzeme sind Ernährungsfehler. Auf alle Fälle sollten Sie deshalb auf eine ausgewogene Ernährung achten. Ein Zusatz von Hefeflocken oder Bierhefe zum Futter ist nützlich. Bei nässenden Ekzemen können Sie es mit *Sulfur D12* versuchen, bei trockenen Ausschlägen mit *Arsenicum album D6,* jeweils dreimal täglich.

... Würmer hat

Wurmbefall läßt Katzen kränkeln, macht das Fell stumpf und ist ein Nährboden für viele andere Krankheiten. Glücklicherweise sorgen die heute verfügbaren Entwurmungsmittel für eine sichere und erfolgreiche Behandlung der meisten Wurmkrankheiten. Die wichtigste vorbeugende Maßnahme: Fisch sollten Sie Ihrer Katze nur gekocht geben!

Roher Fisch ist tabu!

In der Praxis spielen nur wenige Wurmarten eine Rolle.

Spulwürmer: Die etwa fingerlangen Spulwürmer kommen in zwei Arten besonders bei jungen Katzen vor und sind mit etwas Aufmerksamkeit im Kot leicht zu entdecken. Sehr unterschiedlich sind die komplexen Entwicklungsbahnen – über Zwischenwirte vom Wurmei bis zum fertigen Spulwurm – über Blutkreislauf und Muskulatur zum einen, zum anderen über Magen und Darm.

Wenn Ihre Katze nur gering befallen ist, werden Sie die Infektion

... Würmer hat

kaum bemerken. Größere Mengen von durch den Körper wandernden Larven können Lungen- oder Dünndarmentzündungen hervorrufen. Heißhunger und Appetitlosigkeit können sich abwechseln, weitere Erscheinungen sind Durst, Durchfall, Erbrechen und Aufblähen.

Da Spulwürmer auf den Menschen übertragbar sind und Schäden in inneren Organen anrichten können, ist Vorsicht und Sauberkeit im Umgang mit den Katzen geboten! Besonders Kleinkinder sind gefährdet.

Jungkätzchen infizieren sich schon mit der Muttermilch, deshalb sollte die erste Wurmkur schon nach 10 - 14 Tagen erfolgen. Danach wöchentliche Wiederholung bis zur 12. Lebenswoche.

Wurmkur bei Jungkatzen

Ab der 12. Woche sollten Sie etwa alle drei Monate eine Wurmkur durchführen, bei Befall in kürzeren Abständen. Da die Wurmmittel nur im Darm wirken, ist eine Behandlung stets mindestens zweimal durchzuführen, um auch die Wurmlarven abzutöten. Meistens sind die Wurmpräparate pastenförmig und können auf einfache Weise, z. B. mit Plastikspritzen, verabreicht werden. Wenn Ihnen eine ältere Katze zugelaufen ist, sollten Sie vor jeder Impfung und anderen Gesundheitsmaßnahmen eine Wurmkur durchführen, weil verwurmte Katzen auf alle anderen Maßnahmen schlecht reagieren.

Zur Darmsanierung können Sie nach Abschluß der Wurmkur *Calcium carbonicum in der C200* geben – einmal eine Tablette.

Darmsanierung

Bandwürmer: Alle fünf Katzen-Bandwurmarten benötigen Zwischenwirte (Ratten, Mäuse usw.), um sich fortpflanzen zu können. Besonders der 15 cm lange, *dickhalsige Bandwurm* kommt in mäusereichen Jahren bei erwachsenen Katzen recht häufig vor. Der Bandwurm ernährt sich von den besten Nahrungsbestandteilen des Katzenfutters im Darm und schwächt so seinen Wirt. Stärkerer Befall äußert sich durch glanzloses Haarkleid, Appetitlosigkeit, Speichelfluß, Erbrechen, Durchfall und gekrümmten Rücken. Manchmal können Sie im Kot die kurzen, keilförmigen und eierbepackten Bandwurmglieder entdecken. Die Behandlung sollte nach Absprache mit dem Tierarzt erfolgen.

Kot untersuchen

Was tun, wenn die Katze ...

... sich erbricht

Verschiedenste Ursachen können bei Katzen zu Erbrechen führen:

Harmlose Ursachen

- Wie bei allen Fleischfressern muß sich Ihre Katze manchmal erbrechen, weil ihr Körper die aufgenommene Nahrung nicht akzeptiert. Das ist ein sinnvoller, physiologisch normaler und wichtiger Vorgang, der nicht unterbunden werden sollte. Die Sache erledigt sich von allein, wenn der Störfaktor wieder beseitigt ist.
- Langhaarkatzen bringen häufig Haarkugeln, die sich durch das Fellputzen aus verschluckten Haaren in Magen und Darm bilden, auf diese Weise an die Luft, ebenso Grasbüschel – ein ganz natürlicher Vorgang und kein Grund zur Besorgnis. Damit nicht zu viele Haar-Ballen den Darm verstopfen, tut man gut daran, die Katze regelmäßig zu bürsten.
- Auch längere Transporte mit Auto, Eisenbahn oder Flugzeug können zu Erbrechen führen. Die Ursache liegt in diesem Fall im zentralen Nervensystem, im Gehirn. Wenn Ihre Katze auf Reisen zu Erbrechen neigt, lassen Sie sich von Ihrem Tierarzt ein Antibrechmittel für die Reise (nur dafür oder sonst auf Anordnung) geben.
- Wenn das Erbrechen zusammen mit Fieber auftritt, die Katze dann auch richtig krank wirkt, liegt mit ziemlicher Sicherheit eine Infektion vor: Der Tierarzt sollte eingeschaltet werden.
- Katzen sind empfindsamere Wesen, als man manchmal glauben könnte. Bekommen sie zuwenig Zuwendung oder werden sie schlecht behandelt, können – wie beim Menschen – neurotische Verhaltensweisen auftreten, die sich dann in Erbrechen, meist kombiniert mit Durchfall, äußern können. Doch dazu später noch mehr (siehe Seite 148ff.).

Bedenkliche Begleitsymptome

- Bedenklich stimmen muß es immer, wenn nur noch Schleim oder Schaum erbrochen werden oder wenn dem Erbrochenen Blut beigemengt ist. Am besten schaufeln Sie dann etwas von dem Erbrochenen in ein Plastikbeutelchen, nehmen Ihre Katze unter den Arm (im Transportkorb) – und dann ab zum Tierarzt. Das Erbrochene kann dem Tierarzt wichtige Hinweise auf die zugrundeliegende Krankheit geben.

... sich erbricht

- Es passiert nicht häufig, ist aber dafür um so ernster, wenn Fremdkörper in den Magen oder Darm der Katze gelangen. In diesem Fall wird sie erbrechen, keinen Stuhlgang haben und krank wirken. Auch dann begeben Sie sich natürlich zum Tierarzt. Möglicherweise muß sogar operiert werden.
- Der Magen einer Katze ist im allgemeinen robust und widerstandsfähig. Durch verdorbenes Futter aber, durch unverdauliche Nahrungsbestandteile und giftige Stoffe, die etwa mit dem Putzen des Felles aufgenommen wurden, kann die Magenschleimhaut gereizt werden oder sich entzünden, was zum Erbrechen führt. Auch wenn es keine sehr angenehme Sache ist: Sie sollten das Erbrochene untersuchen! Mit einem Stöckchen oder Zweig können Sie es auseinanderziehen. Meistens ist dann alles klar. Eine Behandlung erübrigt sich, wenn der Körper nur Unverdauliches herausgeschafft hat.

In vielen Fällen werden Sie feststellen, daß sich die Katze einfach mit ihrem Lieblingsfutter den Bauch zu vollgeschlagen hat, vielleicht, weil irgend jemand oder gar Sie selbst es zu gut mit dem Tier gemeint haben. Magenüberlastung mit in der Folge normalem Erbrechen als Selbstschutz war die Reaktion.

Magenüberlastung

Beim geringsten Verdacht auf Vergiftung sollten Sie das Erbrochene in einem Plastikbeutel aufbewahren. Sollte der Tierarzt den Verdacht bestätigen, kann eine chemische Giftuntersuchung folgen.

Bei häufigerem Erbrechen sind Gegenmaßnahmen angezeigt. Es ist ein alter Streit, ob Katzen vom Grasfressen eine Magenschleimhautreizung bekommen und dann erbrechen oder bei vorhandener Reizung Gras aufnehmen, um sich zu kurieren. Ich habe Vertrauen in die Vernunft der Katze und neige daher letzterer Ansicht zu. Gras wird als natürliches Diätetikum meist gern gefressen. Sie sollten Ihrer Stubenkatze einen kleinen Grastopf zur Verfügung stellen, der auch im Handel erhältlich ist. Sie reguliert damit ihre Verdauung und läßt Ihre Lieblingszimmerpflanzen in Ruhe. Mit wahrer Andacht sucht sie sich dann passende Hälmchen heraus – sie enthalten lebenswichtige Vitamine und Wachstumsstoffe.

Gras als Diätetikum

Was tun, wenn die Katze ...

Verstopfen Haarballen den Darm, wird ein Teelöffel Salatöl für Jungtiere, ein Eßlöffel davon für erwachsene Katzen Wunder wirken. Nach 6-8 Stunden ist das Pfröpfchen draußen. Man hat die Wahl zwischen Olivenöl, Salatöl oder dem Öl aus einer Sardinenbüchse. Die ersten werden ins Futter gegeben, das Sardinenöl schlürft sie von allein, weil Katzen dieses Öl schätzen.

»Heilfasten« – ohne Milch!

Ein Fastentag kann nie schaden. Das ist besser als ein plötzlicher Übergang zu »leicht verdaulichem« Futter. Was ist das schon? Manche Katzen reagieren gerade auf Schonkost empfindlich. Beim Fasten muß immer frisches Wasser zur Verfügung stehen – keine Milch.

Kam Ihnen das Erbrechen bedenklich vor und erfolgte es mehrfach hintereinander, so beginnen Sie nach der kurzen Hungerkur die Fütterung mit Haferbrei. Damit verhindert man Rückfälle. Mit diesem Brei kann sich keine Katze den Magen überladen.

Unstillbares Erbrechen, auch während des Fastens, gehört in die Obhut des Tierarztes. Nur auf dessen Anweisung sind krampflösende und entzündungswidrige Präparate in Form von Zäpfchen angebracht.

Zwei homöopathische Mittel wirken unterstützend: Entweder *Ipecahuanha D4* oder *Nux vomica D6*. Dreimal täglich eine Gabe bis zum Abklingen der Beschwerden.

... nicht mehr »sauber« ist

Eine gesunde Katze setzt ihren Kot geformt und ohne sonderliche Anstrengung ab. Erscheint er breiig oder gar flüssig, spricht man von Durchfall. Kaum eine Katze, die nicht hin und wieder einmal ein Problemchen dieser Art hat. Spätestens, wenn die Bescherung auf Ihrem Teppich landet, werden Sie ihr ein wenig Aufmerksamkeit schenken müssen.

Veränderungen des Kots

Wie beim Menschen auch ist der Nahrungsbrei im Dünndarm von breiiger Konsistenz. Erst im Dickdarm wird ihm die Flüssigkeit

entzogen. Erfolgt seine Passage durch den Dickdarm zu rasch, aus welchen Gründen auch immer, erscheint am Ausgang kein normales Würstchen, sondern eben der Durchfall. Ungeeignete und ungesunde Nahrungsbestandteile, auch Gifte, schafft der Körper auf diese Weise rasch heraus. Ein sehr sinnvoller Vorgang, den man nicht stören sollte, schon gar nicht durch Medikamente!
Durchfall ist keine Krankheit, sondern das Zeichen einer Störung im Verdauungsablauf, also ein Symptom!
Gelegentlichen Durchfall können Sie mit guten Erfolgsaussichten behandeln. Die Katze gehört aber sofort zum Tierarzt, wenn sie
– Fieber hat,
– deutlich krank wirkt,
– gleichzeitig erbricht,
– eingesunkene Augen bekommt.

Durchfall ist keine Krankheit...

Katzenseuche, Vergiftungen und eine schwere Darmentzündung können die Ursache sein. In solchen Fällen kommt es auf Stunden an. Bei Darmentzündungen der verschiedensten Ursachen etwa kann der Darm seiner Funktion nicht nachkommen. Der Futterbrei »fällt durch« = Durchfall, mit Flüssigkeits- und Nährstoffmangel als direkter Konsequenz.

...sondern ein Symptom

Darmschleimhautentzündung: Die Schleimhautentzündung des Darmes – oft begleitet von einer Entzündung der Magenschleimhaut – zeigt sich in Form des Durchfalls hör- und riechbar, in jedem Fall sehr deutlich an. Sie kann infektiös durch Viren oder Bakterien bedingt sein, kann ausgelöst werden durch Fütterungsfehler, durch Würmer und Kokzidien, aber auch Vergiftungen spielen nicht selten eine Rolle. Weitere Anlässe können Schleimhautverletzungen durch Knochensplitter, Fremdkörper, eiskaltes Trinkwasser, Behandlung mit falschen Abführmitteln und bestimmte Infektionskrankheiten und Parasiten sein.
Meistens beginnt die Krankheit mit Abgeschlagenheit und Appetitlosigkeit bis zur gänzlichen Nahrungsverweigerung, wobei fast durchweg Durchfall besteht. Der Kot kann dünnbreiig, gelblichgrau, übelriechend und auch mit Blutstriemen versetzt sein. Kol-

Was tun, wenn die Katze ...

lernde Darmgeräusche, Bauchschmerzen und Erbrechen treten auf, wobei der Leib oft aufgeschnürt erscheint. Später können Pulsbeschleunigung und Fieber hinzukommen. Der Tierarzt wird hier die angemessene Therapie festlegen.

Keine Essensreste vom Tisch

Fütterungsfehler: Bei gelegentlichem Durchfall sollten Sie zunächst Ihre Fütterungsgewohnheiten unter die Lupe nehmen. Haben Sie in den letzten Tagen irgend etwas verändert? Besondere oder selten verabreichte »Leckerbissen«, eine andere Fertigfuttermarke, zuviel Milch, um Beispiele zu nennen, wirken manchmal belastend auf den Verdauungsapparat, bzw. er muß sich vielleicht erst umstellen. Abführend können beispielsweise wirken: rohe Kuhmilch, rohe Leber, rohes Eiweiß, aber auch Essensreste, die sich die Katze vom Tisch holt. Zudem vertragen Katzen manchmal die scheinbar normalsten Dinge nicht, selbst wenn sie sie sehr mögen. Zu kaltes Futter ist kaum die Ursache für Durchfall, da durch Kauen die Nahrung gut angewärmt im Magen ankommt.

Neurosen: Zuweilen passiert es, daß Ihre Katze überhaupt nicht krank wirkt und trotzdem unappetitliche Häufchen dünnen Stuhlgangs auf alle möglichen und unmöglichen Stellen in der Wohnung verteilt. Da liegt der Verdacht auf eine Neurose, eine Verhaltensstörung, nahe, vielleicht aus Protest oder weil sie sich vernachlässigt fühlt. Auf dieses Thema wird noch in einem späteren Kapitel eingegangen (siehe Seite 148ff.).

Würmer: Wie schon im Kapitel über Wurmbefall angedeutet, kann er manchmal Durchfälle auslösen. Bei genauerer Betrachtung des Stuhlganges können Sie gelegentlich die großen Spulwürmer oder Bandwurmglieder entdecken.

Erstverschlimmerung bei der Wurmkur

Erschrecken Sie nicht, wenn die notwendige Wurmkur den Durchfall manchmal kurzfristig verstärkt. Das führt schnell wieder zur Normalisierung. Halten Sie sich unbedingt an die Anweisungen zur korrekten Durchführung der Kur.

Im übrigen: Die natürlichen Instinkte Ihrer Katze lassen sie das

Richtige oft von allein tun: sie fastet. Mindestens ein Fastentag, besser noch mehr, ist die sinnvollste Selbstheilungsmaßnahme des Organismus.

Lassen Sie die Katze also ruhig 24 - 36 Stunden hungern. Als erste Diätmahlzeit danach können Sie ihr gekochten Reis mit ein wenig Hüttenkäse und Baby-Karottengemüse oder gekochte Haferflocken mit etwas Fleischbrühe geben. Es ist wichtig, daß genügend Salze aufgenommen werden. Den Brei kann man auf Vorrat kochen und einige Tage im Kühlschrank aufbewahren. Bieten Sie nur zimmerwarme Miniportionen an, und machen Sie sich keine Sorgen, wenn sie es vorzieht, noch ein wenig weiter zu fasten. Frühestens acht Tage nach Verschwinden der Symptome sollten Sie wieder zum Normalfutter übergehen.

Selbstheilung durch freiwilliges Hungern

Keinesfalls sollten Sie der Katze ständig ihr Lieblingsfutter vorsetzen oder, schlimmer noch, mit flüssigkeitsbindenden Stopfmitteln (Kartoffelstärke usw.) arbeiten. Das würde nur das Symptom verschleiern, keinesfalls aber die Ursache beseitigen. Schwarzer Tee, mindestens fünf Minuten gezogen, »gerbt« die Darmschleimhaut. Auch Kamillen-Fenchel-Tee können Sie Ihrer Katze geben (wenn sie dabei mitmacht und Tee trinkt).

Frisches Trinkwasser muß immer zur Verfügung stehen. Ein starker Flüssigkeitsverlust, bedingt durch den Durchfall, kann bedenklich werden. Eingesunkene Augen sollten Sie sofort dazu veranlassen, zum Tierarzt zu gehen!

Flüssigkeitszufuhr beachten

Wirksame homöopathische und andere Arzneien, die die Krankheitsdauer abkürzen und Bauchschmerzen beseitigen, erhalten Sie im Bedarfsfall beim Tierarzt. Bei akuten Durchfällen können Sie *Carbo vegetabilis D6* und *Podophyllum pellatum D4*, je dreimal täglich, versuchen.

... verstopft ist

Trotz der den Tieren eigenen Vorsicht bei der Wahl der Nahrung kommt es auch bei Katzen gelegentlich einmal zu Verstopfungen. Sie sind nicht so augen- (und nasen-)fällig wie der Durchfall, vor allem nicht bei Tieren, die draußen herumlaufen. In der Katzentoilette werden Sie rechtzeitig bemerken, daß der Kot fest und härter wird. Wenn das Tier heftig preßt, dabei aber »kein Ergebnis« zustande bringt, ist die tierärztliche Untersuchung angebracht.

Falsche Ernährung und mangelhafte Bewegung

Häufigste Ursachen für verzögerte Darmbewegung bzw. Verstopfung des Darmes sind falsche Ernährung (u. a. zu starke Knochenfütterung, zu geringe Wasseraufnahme, z. B. in Verbindung mit Trockenfutter), mangelhafte Bewegung, harte Gegenstände (Fremdkörper) und Haarknäuel, bei jungen Katzen auch Wurmknäuel.

Symptome

Der Leib ist gelegentlich leicht aufgetrieben. Trotz häufigen Drängens werden höchstens nur einige trockene (oder auch gar keine) Kotklümpchen abgesetzt, die zuweilen mit einem Überzug aus Schleim oder mit Blutstreifen versehen sind. Manchmal ist die Aftergegend gerötet und geschwollen. Auffallende Erscheinungen in diesem Zusammenhang sind häufigeres Wechseln des Ruhelagers, starker Durst, auch Krämpfe mit anschließender, starker Mattigkeit. Unruhe und gespannter Gang bei gestreckter Schweifhaltung sind weitere Symptome, wobei die Tiere beim Abtasten des Bauches Schmerzen äußern. Der anfangs noch vorhandene Appetit wird allmählich unterdrückt. In extremen Fällen kann eine Darm- oder Bauchfellentzündung entstehen, die mit auffallender Mattigkeit und Fieber einhergeht.

Fremdkörper im Darm: Die wählerische Art der Katze bewahrt sie bei der Nahrungsaufnahme meist vor krassen Fütterungsfehlern. Nur selten wird sie ein Knochenstück oder Spielzeug so unglücklich aufnehmen, daß es im Darm hängenbleibt. Nur eine Röntgenaufnahme kann hier allenfalls Klärung bringen. Vor allem bei Jungtieren kann es vorkommen, daß sie doch einmal ein Spielzeug

... verstopft ist

verschlucken. Trotzdem sind Darmverschlüsse, zumindest bei Langhaarkatzen, nicht eben selten. Beim Putzen nehmen sie ständig Haare auf, die im Magen verfilzen können. Eine solche Haarkugel kann den Magenausgang oder den Darm blockieren.
Bei kleinen Katzen haben auch Wurmknäuel schon den Darm verstopft.
Das Ergebnis ist ein Verschluß des Verdauungskanals, ein lebensbedrohendes Ereignis mit deutlichen Erscheinungen. Kot wird nicht oder nur noch in kleinen Portionen abgesetzt. Dafür erbricht das arme Tier häufig, Fieber fehlt.
Schnellstens muß ein Tierarzt zugezogen werden, wobei die Aussichten auf Wiederherstellung mit zu langem Warten und der Verschlechterung des Allgemeinbefindens sinken. Anhand sorgfältiger Betastung oder einer Röntgenaufnahme muß er entscheiden, ob man ein mildes Abführmittel geben und abwarten kann. Eine solche Untersuchung ist deswegen so wichtig, weil statt festem Kot ja auch eine Nadel oder ein anderer Fremdkörper den Weg versperren könnte. In diesem Fall muß möglichst bald operiert werden.

Lebensgefahr bei Darmverschluß

Fütterungsfehler: Zu trockenes Futter läßt den Kot langsam härter werden, bis dann manchmal überhaupt nichts mehr vorangeht. Diese Entwicklung sollten Sie sorgsam beobachten und gegebenenfalls rechtzeitig eingreifen. Das soll nicht heißen, daß beispielsweise Trockenfutter generell festen Stuhl macht bzw. ein von vornherein risikoreiches Futter ist. Manche dieser Produkte enthalten viele unverdauliche Ballaststoffe und wirken so eher abführend. Sie müssen Ihre eigenen Erfahrungen machen. Eine andere Futtersorte kann unter Umständen das Problem schon beheben.
In kleinen Mengen gegeben, wirkt rohe Leber leicht abführend. Auch ein halber Teelöffel Oliven- oder Sardinenöl kann ebenfalls die gewünschte Wirkung erzielen. Machen Sie nicht den Fehler, zu Abführmitteln zu greifen! Genau wie bei uns Menschen ist das nur ein Herumkurieren am Symptom, beseitigt aber nicht die Ursache.

Abführende Nahrungsmaßnahmen

Einlauf

Häufige Verstopfungen deuten klar auf Fütterungsfehler hin und sollten nicht mit Klistieren und Medikamenten korrigiert werden. Bei hartem Kot im Enddarm ist ein Einlauf von Nutzen. Er weicht den Stuhl auf und regt die Darmtätigkeit schonend an. Das einfachste ist ein Fertigklistier für Babys, das in jeder Apotheke erhältlich ist. Homöopathisch wirken bei akuter Verstopfung *Nux vomica D6* und *Carbo vegetabilis D6,* alle zwei Stunden im Wechsel.

Afterverklebung: Bei stark vernachlässigten Langhaarkatzen kann manchmal der Stuhlgang mit den Haaren am After verkleben. Schließlich ist der Durchgang völlig blockiert, das arme Tier kann keinen Kot mehr absetzen. Der kleine Patient quält sich, preßt vergeblich und hat große Schmerzen.

Als Abhilfe muß immer wieder mit warmem Seifenwasser aufgeweicht werden; dann müssen die Haare vorsichtig abgeschnitten werden.

.. häufig Wasser lassen muß, dabei preßt oder Blutspuren im Harn aufweist

Erkrankungen der Harnorgane sind bei Katzen leider keine Seltenheit. Meistens verlaufen sie schmerzhaft und können, falls sie unbehandelt bleiben, schwerwiegende Schäden nach sich ziehen oder gar zum Tod führen. Man darf sie deshalb nicht als »Kleinigkeit« abtun.

Erkrankungen der Harnorgane in der Diagnose

Vielleicht werden Sie sich fragen, ob es überhaupt möglich ist, als Laie solche Erkrankungen zweifelsfrei zu erkennen, geschweige denn, sie alleine zu behandeln. Betroffen sind ja innere Organe, deren Funktion bzw. Fehlfunktion nicht einfach zu beurteilen ist. Ich möchte Sie ermutigen: Hier werden nur die Erkrankungen aufgezählt, bei denen Sie eine gute Chance haben, die Störung rechtzeitig zu erkennen.

Blasenentzündung: Die Blasenentzündung (Cystitis) kommt bei weiblichen Tieren relativ häufig vor, seltener bei männlichen. Eine Unterkühlung kann sie auslösen, auch Reizungen durch Blasensteine oder besondere Ernährungs- und Trinkgewohnheiten. Manchmal kommt als Ursache auch das Einwandern von Krankheitskeimen in Frage. Das kann bei Verletzungen der Harnröhre, der Blase, der weiblichen Geschlechtsorgane und auch bei einer ansteckenden Krankheit geschehen.

Weibliche Tiere sind besonders gefährdet

Man unterscheidet akute und chronische Entzündungen. Die akute Form äußert sich durch häufiges, scheinbar schmerzhaftes, nur tropfenweises Absetzen des Harns (Harnzwang, Tenesmus urinae). Das kann an ungewohnten Orten, außerhalb der Katzentoilette, erfolgen. Eine Verwechslung mit dem neurotischen Protestharnen ist möglich. Im Gegensatz dazu ist aber der Harnabsatz bei der Blasenentzündung schmerzhaft. Die Katze preßt dabei, maunzt und leckt sich den Penis bzw. die Scheide. Die Harnblase ist dabei druckempfindlich. Gelegentlich wird auch Harnverhaltung (Retentio urinae) beobachtet, wobei manchmal Harnröhren- oder Blasensteine dafür verantwortlich sind.

Eine chronische Blasenentzündung zu entdecken ist nicht einfach. Schmerzhaftigkeit und Harndrang sind nur geringgradig vorhanden oder fehlen ganz. Schwere Entzündungen können sich durch Mattigkeit, Appetitlosigkeit und Fieber äußern, dann ist ohnehin der Gang zum Tierarzt unumgänglich.

Symptome

In schweren Fällen kann der Urin, besonders die letzten Tropfen, Blut enthalten. Wenn das Bächlein auf einer Katzentoilette mit heller Streu abgesetzt wurde, (und auch sonst auf hellem Untergrund) läßt sich das leicht beobachten.

Ein probates Mittel ist hier Wärme, entweder mit Hilfe eines Wärmestrahlers, von trockenen Umschlägen mit Wolltüchern oder ganz einfach, indem Sie Ihre Katze oft auf den Schoß nehmen und mit Ihren Händen wärmen.

Es wäre schön, wenn die Katze in dieser Zeit viel trinken würde, aber zwingen kann man sie natürlich nicht dazu. Vielleicht hilft es, wenn Sie ihr das Lieblingsgetränk hinstellen; außer Milch ist alles

Milchverbot

Was tun, wenn die Katze ...

Nieren- und Blasentee

erlaubt. Mag sie gern Tee, Fruchtsaft oder Fleischbrühe? Trotzdem: Frisches, klares Wasser sollte immer zur Verfügung stehen. Zur Unterstützung der Allgemeinbehandlung hilft Nieren- und Blasentee aus der Drogerie oder Bärentraubenblättertee. Das Nahrungsangebot muß leicht verdaulich und reizlos sein.

Als Medikamente kommen Präparate in Frage, die schmerzlindernd, krampflösend und entzündungswidrig wirken. Geeignetes erhalten Sie beim Tierarzt. Damit läßt sich nicht nur der schmerzhafte Krankheitsverlauf entscheidend verkürzen, sondern auch die Gefahr einer chronischen Krankheit bannen.

Außerdem können Sie bei einer Blasenentzündung, wenn der Harn tröpfelt, *Cantharis D4* geben; wenn die Entzündung nach Durchnässung auftritt, geben Sie *Rhus tocicodendron D4*. Eine Gabe dreimal täglich.

Zusätzlich geben Sie *Echinacea-Urtinktur*, dreimal täglich, zur Abwehrsteigerung.

Kater sind besonders gefährdet

Harnröhrengrieß, Harnsteine: Blasenentzündungen sind eine unangenehme Sache für Ihre Katze, aber lebensgefährlich sind sie selten, und im allgemeinen sprechen die Tiere gut auf eine Behandlung an. Anders bei den Harnsteinen (Urolithiasis): Sie sind eine echte Lebensbedrohung und können schwerwiegende Folgen haben. Sie kommt überwiegend bei Katern vor, kastrierten wie unkastrierten. Durch den besonderen Bau ihrer Harnröhre und deren Länge sowie durch die tiefe Lage der Harnblase in der Bauchhöhle wird die Entstehung von Harnsteinen bei ihnen besonders begünstigt. Ursachen für die Bildung von Steinen können sein: u. a. bakterielle Entzündungen der Harnblase und Harnleiter, Wassermangel (zuviel Trockenfutter), einseitige Fütterung, genetische Veranlagung, Virus-Infektionen.

In der Blase und in der Harnröhre können sich dabei Harngrieß und -steine bilden, die den Abfluß des Harns behindern. Sie setzen sich bei der Katze größtenteils aus bestimmten Mineralien zusammen. Manche Tiere leiden sehr häufig daran. Heute gibt es sehr erfolgreiche Fertig-Diätfutter und Medikamente, die Harngrieß auflösen

... häufig Wasser lassen muß

und seine Bildung vermindern oder sogar verhindern. Die Gefahr von Rückfällen besteht jedoch weiterhin, wenn man die Diät bzw. die Medikamente wieder absetzt.
Auch bei Nierenkrankheiten ist eine vom Tierarzt vorgeschlagene Diät durchaus nützlich und wichtig. Die beste Vorbeugung scheint immer noch die Befolgung der vielen Ratschläge zu sein, die ich Ihnen im Kapitel über Katzenpflege gegeben habe. *Vorbeuge-maßnahmen*
Verdacht auf Harnsteine und Grieß ist immer dann angebracht, wenn sich Ihr Kater wie bei einer Blasenentzündung benimmt. Meist ist das Auftauchen von Steinen ohnehin mit einer Blasenentzündung gekoppelt. Bei genauer Beobachtung fällt auf, daß trotz heftigen Pressens nur einige Harn- oder Blutstropfen abgesetzt werden. Besonders gefährlich ist die Verstopfung der Harnröhre mit Steingrieß. Da staut sich der Urin in der Blase, und nun muß schnell etwas geschehen, denn schon nach kurzer Zeit kommt es dann zur Harnvergiftung, die in der Regel tödlich verläuft.
Zur ersten Untersuchung nehmen Sie Ihren Kater auf den Schoß und tasten zunächst sanft den Bauch ab. Ist die Harnröhre tatsächlich blockiert, fühlt sie sich wie eine feste Zitrone an und schmerzt. Bei Harnröhrenverlegung ist die sonst rosige Spitze des Penis dunkelrot verfärbt. *Untersuchungs-methoden*
Wenn der Urin wieder fließt, ist der Schaden erst einmal behoben. Zunächst kann man als Erste Hilfe versuchen, mit heißen Umschlägen um den Bauch Linderung zu schaffen.
Wenn es sich um eine leicht auflösbare Ansammlung von Gries handelt, kann *Sabal serrulatum D4* mit *Berberis D4* helfen. Von beidem stündlich eine Gabe. Wird es dann nicht besser, sollten Sie auch bei leichten Beschwerden den Tierarzt aufsuchen. Je nach Zusammensetzung der Steine entscheidet er über die notwendigen Maßnahmen.

Nierenentzündung: Die Nierenentzündung der Katze hat verschiedene Ursachen, die in Zusammenhang mit vielen Erkrankungen der Harnwege zu sehen sind. Sie kann für sich allein oder als Begleiterscheinung bei anderen Organerkrankungen auftreten.

Was tun, wenn die Katze ...

Behandlung durch den Tierarzt!

Oft ist eine Nierenentzündung bei Infektionskrankheiten, Harnsteinen, nach Aufnahme gewisser Reizstoffe und Gifte sowie nach Unfällen (Nierenprellung) zu beobachten. Bei einer Nierenentzündung ist die Katze sehr krank, eine tierärztliche Behandlung ist in diesem Fall unumgänglich.

Je nach Erscheinungsform unterscheidet man die akute und die chronische Nierenentzündung. Die **akute Nierenentzündung** kann in jedem Alter des Tieres vorkommen, ist aber sehr selten. Der Leib ist geschwollen und druckempfindlich. Der Harn zeigt manchmal eine dunkle Farbe und wird lediglich in geringen Mengen abgesetzt. Nach Unfällen kann Blut im Harn vorhanden sein.

Bei der **chronischen Nierenentzündung** verschlechtert sich der Zustand, wobei die Harnmenge zunimmt. Es treten Störungen im Verdauungssystem auf, die oft mit Durchfall oder auch Verstopfungen einhergehen. Wenn Erbrechen beobachtet wird, so zeigt sich das Erbrochene meist nur als gelblich-weißer, schaumiger Schleim. Die Katzen fressen in diesem Fall schlecht, sie werden mager, das Haar wird struppig und glanzlos.

Gewürzlose Kost

Die Ernährung soll frei von scharfen Gewürzen und leicht verdaulich sein. Als Getränk kann schwarzer Tee angeboten werden. Ihr Tierarzt wird eine Spezialdiät vorschlagen, die genau eingehalten werden sollte.

Krankheiten der Geschlechtsorgane: Besonders bei Blasenentzündungen können sich gleichzeitig Penis bzw. Scheide der Katze mitentzünden. Die Behandlung erfolgt zugleich mit der der Blasenentzündung.

Gebärmuttererkrankungen

In Verbindung mit Trächtigkeit und dem Geburtsvorgang, selten durch hormonelle Störungen, kann sich die Gebärmutter entzünden.

Bei hormonellen Erkrankungsformen ist mehr oder weniger dickschleimiger Scheidenausfluß vorhanden. Daneben können sich Abgeschlagenheit, Mattigkeit, Erbrechen und Abmagerung mit struppigem Haarkleid zeigen.

Sterben während der Trächtigkeit Früchte ab und es kommt zu

Eiteransammlungen in der Gebärmutter, so steigt die Körpertemperatur fieberhaft an, und aus der Scheide geht eine eitrige oder blutige Flüssigkeit ab.
Die operative und medikamentöse Behandlung dieser Störungen ist dem Tierarzt überlassen, ebenso der Gebärmuttervorfall. Dabei stülpt sich unschwer erkennbar im Zusammenhang mit einer langdauernden Geburt ein Teil oder sogar die ganze Gebärmutter nach außen.

... nur auf drei Beinen geht oder hinkt und lahmt

Wenn für Sie erkennbar wird, daß Ihre Katze lahmt oder hinkt, können Sie fast sicher sein, daß die Sache schlimmer ist, als sie aussieht. Katzen sind von Natur aus mit großer körperlicher Zähigkeit ausgestattet, so daß man kleinere Verletzungen des Bewegungsapparates häufig erst gar nicht bemerken wird.
Machen Sie es sich zur Regel, jede sichtbare Lahmheit der Katze genau zu untersuchen! Gelassenes Abwarten ist erst dann angebracht, wenn man eine harmlose Ursache erkannt hat.

Lahmheit niemals unterschätzen!

Wenn Sie halbwegs methodisch vorgehen, können Sie eine erste Untersuchung selbst vornehmen. Dabei sollten Sie drei Fragen abklären: Geht die Lahmheit von der Wirbelsäule aus? Auf welchem Bein lahmt sie? An welcher Stelle des lahmenden Beines hat die Katze Schmerzen?

Wirbelsäule: Ist die Wirbelsäule verletzt, muß die Katze sofort zum Tierarzt. Jede Verzögerung oder gar Eigenbehandlung wäre reine Tierquälerei. Wirbelsäulenverletzungen entstehen durch Stürze, Unfälle, Stockhiebe, Steinwürfe, Hundebisse und Schüsse. Gemeinsames Kennzeichen ist eine teilweise oder vollständige Lähmung der Hinterbeine. Sie werden nachgeschleift, sind kraftlos, manchmal ohne Gefühl. Harn- und Kotabgang sind oft nicht mehr möglich oder erfolgen unwillkürlich.

Behandlung durch den Tierarzt

Für den Transport nimmt man einen Behälter, in dem das verletzte Tier ausgestreckt liegen kann, etwa einen Wäschekorb oder großen Karton mit weicher Unterlage.

Schlechte Heilungsaussichten

Bei den meisten Wirbelsäulenverletzungen sind die Heilungsaussichten leider gering, und man sollte sich mit dem Gedanken des Einschläferns vertraut machen, um der Katze weitere Leiden zu ersparen.

Knochenbruch: Hat sich Ihre Katze »nur« einen Knochen gebrochen, sieht die Sache schon anders aus. Die Heilungsaussichten sind im allgemeinen recht gut, allerdings abhängig von Art, Lage und Schwere des Bruchs.

Zu Brüchen kommt es durch Autounfälle, Stock- und Steinwürfe, Schlagfallen und ähnliche Gewalteinwirkungen. Sie sind selbst dann keineswegs ausgeschlossen, wenn Katzen vom Balkon oder aus Bäumen fallen, auch wenn man Ihnen anderes erzählen will. Geradezu als Katzenfallen haben sich die modernen Kippfenster

Kippfenster sind Katzenfallen

erwiesen. Die Tiere versuchen, über sie hinwegzuspringen, und klemmen sich dabei ein Vorderbein ein, was oft zu Brüchen führt. Welcher Knochen, welches Bein betroffen ist, erkennen Sie durch genaues Beobachten der langsam gehenden Katze, nicht bei schnellem Lauf. Ist ein Bein schmerzhaft hochgezogen, schützt sie ein Bein vor Belastung? Ist die Lahmheit nur bei Sprüngen zu bemerken? Bei geringen, kaum merkbaren Lahmheiten sollten Sie sich keine allzu großen Sorgen mache, die Beschwerden jedoch weiter beobachten. Erst wenn sich nach einigen Tagen noch nichts gebessert hat, sollte der Tierarzt zur Sicherheit aufgesucht werden. Bei Frakturen der **Bein- und Zehenknochen** kann sich die Katze nicht mehr abstützen. Unterarm- und Unterschenkelfrakturen sind gewöhnlich gemeinschaftliche Brüche. Wenn Speiche (Radius) und Elle (Ulna) gebrochen sind, kann das Vorderbein nicht mehr aufgesetzt werden. Wenn Schienbein (Tibia) und Wadenbein (Fibula) gebrochen sind, wird das Hinterbein im Kniegelenk abgewinkelt getragen, es hängt pendelnd herunter und kann nicht belastet werden.

...hinkt und lahmt

Manchmal sind zugleich Weichteile (Haut, Muskeln, Sehnen) verletzt, und es treten in diesen Bereichen Wunden sowie Schwellungen auf.

Wenn Sie das betroffene Bein durch Beobachtung herausgefunden haben, sollten Sie die Katze in aller Ruhe auf den Schoß nehmen und ein wenig mit ihr spielen. Sie muß sich richtig wohlfühlen, eine eilige und hektische Untersuchung wird keinen Nutzen und auch keine Erkenntnisse bringen.

Richtiges Abtasten der Gliedmaßen

Mit ein wenig Fingerspitzengefühl können Sie einen eventuellen Bruch ziemlich sicher feststellen: Zuerst tasten Sie das entsprechende gesunde Bein sorgfältig ab. Sie können sich im Vergleich mit dem kranken Bein ein gutes Bild machen, denn genauso sollte sich auch dessen Knochen anfühlen. Jede ungewöhnliche Beweglichkeit läßt einen Bruch vermuten. Gehen Sie dabei vorsichtig vor, dann wird sich die Katze auch nicht wehren. Beim Oberschenkelbruch hat eine abwartende Haltung immer noch die besten Erfolge gebracht. Er heilt meist innerhalb von 2 - 3 Wochen von selbst.

Jeder Bruch muß jedoch zuerst tierärztlich untersucht und versorgt werden. In der Regel ist eine Nagelung dem Gipsverband – der heute längst aus leichtem Kunststoff besteht – vorzuziehen. Das hängt aber vom Einzelfall und vom Urteil des Tierarztes ab.

Keine Selbstbehandlung

Beim **Beckenbruch** kann es wie bei der Wirbelfraktur zur Lähmung der Hinterbeine kommen, wobei die Katze den Körper rückwärts nicht mehr erheben kann. In diesem Fall muß man dem Tier Ruhe gönnen, für ein weiches Lager sorgen und ansonsten einfach abwarten. Sie sollten gleichzeitig darauf achten, daß die Verdauung des Tieres normal funktioniert. Mit einer Heilung ist etwa in 2 - 4 Wochen zu rechnen.

Gute Heilungsaussichten

Nach einer Fraktur der **Schwanzwirbel** kann das hintere Ende des Schwanzes nicht mehr bewegt werden und hängt schlaff herunter. Drückt man die Bruchstelle leicht, zeigt das Tier Schmerzen.

Beim **Unterkieferbruch** werden die getrennten Kieferteile durch eine Drahtnaht und Drahtligatur zusammengehalten.

Eine *zusätzliche Wundversorgung* mit kühlen Verbänden und Antibiotika ist häufig bei gebrochenen Zehenknochen notwendig, weil das oft nicht ohne Fleischwunden abgeht. Bei erheblichen Gewebezerstörungen ist eine Amputation leider manchmal unumgänglich.

Fragen Sie Ihren Tierarzt in Fällen von Brüchen nach Präparaten zur Anregung der Knochenbildung und Heilung von Blutergüssen. Als zusätzliche Hilfsmaßnahme können Sie homöopathische Arzneien geben:

Homöopathische Unterstützungsmaßnahmen

Calcium phosphoricum D6 zur Knochenbildung und *Symphytum D6,* je zwei Gaben täglich.

Ist der Bruch durch einen Unfall oder Sturz entstanden oder besteht ein Bluterguß (in den meisten Fällen), so geben Sie am Unfalltag *Arnika D6,* stündlich eine Gabe, und die darauffolgenden drei Tage bis zum Rückgang der Schwellung dreimal täglich eine Gabe. Dann setzen Sie mit den Medikamenten zur Knochenbildung ein.

Zerrung, Quetschung, Verstauchung, Verrenkung: Oft kann man aus dem Grad der Lahmheit nicht unbedingt auf die Ursache schließen (viele Sporttreibende und besonders Skifans haben schon oft erfahren müssen, daß aus Zerrungen und Verstauchungen langwierigere Geschichten werden können als aus glatten Brüchen). Verstauchungen beispielsweise entstehen bei Katzen meist nach Sprüngen aus großer Höhe. Oftmals kann man nur eine Lahmheit sehen, während an Knochen und Gelenken keine besonderen Merkmale festzustellen sind.

Diagnose-Methoden

Um sicher zu sein, daß es kein Bruch ist, sondern »nur« eine Verstauchung oder Zerrung, drücken Sie erst das gesunde und dann das lahmende Bein kräftig mit Daumen und Zeigefinger ab. Das gesunde sollten Sie zuerst drücken, weil die Katze auf das Gezwicke in jedem Fall unerfreut reagieren wird, ganz gleich, ob sie Schmerzen empfindet oder nicht. Wenn sie sich dann an das Kneifen gewöhnt hat, können Sie am lahmenden Bein feststellen, was wirklich los ist. Sie müssen dann schon recht fest zudrücken, um überhaupt eine Reaktion zu erhalten.

Die wirksamste Behandlung von Zerrungen und Verstauchungen

besorgt die Katze selbst. Sie ist darin um einiges vernünftiger als wir Menschen: Sie wird das Bein immer wieder vorsichtig belasten und dabei bis zur Schmerzgrenze gehen. Auf diese Weise heilt sie sich relativ rasch selbst.

Manchmal kommt es ein wenig schlimmer. Besonders bei Sprüngen aus großer Höhe oder bei Unfällen kann es zu Verrenkungen kommen, beispielsweise von Ellbogen- oder Hüftgelenk, die dann vom Tierarzt behandelt werden müssen. Er wird das Gelenk unter Narkose wieder einrenken und mit einem Verband fixieren.

Homöopathisch können Sie einiges tun: Bei Schwellung und Bluterguß *Arnika D4,* dreimal am Tag. Liegt eine Bänderzerrung oder Verstauchung vor, geben Sie zusätzlich *Rhus toxicodendron D6,* dreimal täglich. Sind Sehnen verletzt, so ist *Ruta D3,* dreimal täglich, an der Reihe. Zu einer höheren Arnikapotenz sollten Sie bei Verrenkung greifen – *Arnika D30,* dreimal täglich einige Tage lang.

Homöopathische Unterstützungsmaßnahmen

Ballenverletzungen: Haben Sie das Bein abgetastet, ohne klare Reaktion zu erhalten, sollten Sie einmal kurz die Pfote drücken. Wenn die Katze jetzt deutlich zuckt, konzentrieren Sie Ihre Aufmerksamkeit einmal auf ihre Ballen. Vielleicht hat sie sich einen Glassplitter oder einen Dorn eingetreten bzw. einen anderen kleinen, scharfkantigen Fremdkörper. Solche Verletzungen sind oft kaum sichtbar und heilen schlecht. Tiere in der Wildnis müssen häufig aufgrund solcher Verletzungen verhungern, weil sie nicht mehr jagen können. Ein Verband wäre eine gute Idee, aber er läßt sich nur schlecht fixieren und wird meistens schnell wieder abgerissen. Natürlich können Sie einen Versuch mit der Splitterpinzette wagen, aber ich bin der Überzeugung, daß eine Ballenwunde, und sei sie noch so klein, in tierärztliche Behandlung gehört.

Behandlung durch den Tierarzt!

Krallenverletzungen: Manchmal sind Lahmheiten auf Krallenverletzungen zurückzuführen. Katzen sind sehr geschickte Tiere, deshalb kommen solche Verletzungen glücklicherweise nur selten vor. Das Behandlungsinstrument der Wahl ist hier eine Fußnagelzange. Wenn Sie es sich zutrauen, können Sie die lädierte Kralle mit einem entschlossenen Knips kürzen. Das tut zwar weh und wird auch leicht bluten, heilt aber rasch ab. Ansonsten wird der Tierarzt diese Prozedur vornehmen.

Manchmal brauchen Sie nach dem Grund der Lahmheit nicht lange zu suchen: Die Katze hat eine stark verkrustete Wunde an der Pfote, es fehlen gar einige Krallen. Dann ist sie mit hoher Wahrscheinlichkeit in eine Schlagfalle geraten. Da die Katze sich selbst um die Wunde kümmern und sie regelmäßig ablecken kann, heilt sie in der Regel gut von selbst ab.

Alterserscheinungen

Rheuma: Zahlreiche Erkrankungen von Skelett und Muskulatur führen zu einer Bewegungseinschränkung. Gerade betagte Katzen bewegen sich manchmal steif und schwerfällig, was aber nicht unbedingt eine zwangsläufige Alterserscheinung sein muß. Vielleicht leiden sie an einer Krankheit, die man unter dem Sammelbegriff »Rheuma«, dem »fließenden Schmerz«, zusammenfaßt. Zu den Symptomenkomplexen zählen unter anderem Arthritis (Gelenkentzündung), Arthrose (Gelenkabnutzung) und Muskelrheumatismus.

Wärmetest der Gelenke

Je nachdem welches Gelenk betroffen ist, besteht bei der Arthritis eine mehr oder weniger ausgeprägte Lahmheit, die mit Schmerzen verbunden ist. Die erkrankten Gelenke sind manchmal verdickt und fühlen sich wärmer an als andere Gelenke.

Aufmerksam sollten Sie eigentlich nur werden, wenn die Katze Schmerzen äußert. Bei gutem Allgemeinbefinden und nur etwas steifen Bewegungen brauchen Sie eigentlich nicht viel zu unternehmen. Der Schlaf- und Ruheplatz sollte warm und ohne Zugluft sein, das Futter sollten Sie ausgewogen und nicht zu reichlich gestalten.

Es gibt einige spezielle Präparate gegen Altersbeschwerden, die lindernd wirken und älteren Katzen-Herrschaften ersichtlich wieder auf die Beine helfen können. Nur wenn die Katze deutlich leidet, bei Bewegungen beispielsweise unbehaglich miaut, sollte der Tierarzt prüfen, ob etwa ein entzündungshemmendes Schmerzmittel angebracht sein könnte. Die verordneten Mittel müssen genau nach Anweisung, meist regelmäßig über längere Zeit, gegeben werden. Die Ursachen einer Gelenkentzündung sind oft unklar. Das Leiden kann akut und chronisch sein. In Frage kommen u. a. Prellungen, Verletzungen, Verstauchungen und Luxationen. Bei der chronischen Lahmheit bestehen meist keine Schmerzen mehr.

Der Muskelrheumatismus ist eigentlich keine richtige Krankheit, sondern ein Symptom, dessen Ursachen verschiedenartig und oft schwer zu ergründen sind. Vielleicht hängt er mit älteren Muskelprellungen, Verstauchungen, Zerrungen, Knochenbrüchen zusammen.

Muskelschmerzen

Beim Streicheln über das Fell kann es passieren, daß das Tier plötzlich an einer Stelle Schmerzen äußert; die betreffende Muskelpartie ist manchmal leicht geschwollen. Manchmal hat man den Eindruck, als ob die Schmerzen während des Laufens allmählich nachließen. Gelegentlich ist anfangs auch eine Temperaturerhöhung festzustellen. In der Beurteilung sollte man jedoch sehr vorsichtig sein, denn nicht immer muß es sich dabei um Muskelrheumatismus handeln.

Spezielle Medikamente erhalten Sie beim Tierarzt.

Homöopathisch können Sie bei akuter Arthritis *Bryonia D6* und *Rhus toxicodendron D12* versuchen, je fünfmal täglich bis zur Besserung. Bei chronischer Arthritis *Bryonia D30* und *Rhus tox. D30*, je einmal am Tag bis zu einer Besserung.

... sich verletzt hat

Die Mär von den sieben Leben der Katze stammt durchaus nicht nur aus grauer Vorzeit. Auch heute noch können viele Katzenbesitzer dramatische Geschichten erzählen, wie ihre Tiere zum Teil wirklich schlimme Verletzungen und Krankheiten fast »souverän« und folgenlos überlebt haben, einige sogar mehr als einmal. Für manche Katzenbesitzer und auch für die Tierärzte ist es immer wieder

Katzen haben große Selbstheilungskräfte

Was tun, wenn die Katze ...

ein Schauspiel besonderer Art, mit welcher Geschwindigkeit bei Katzen Wunden heilen und vor allem, mit welcher Gelassenheit sie Verletzungen ertragen.

Natürlich gilt das nicht in jedem Fall. Die Verletzung innerer Organe etwa unterliegt eigenen Regeln, in den meisten Fällen sind Katzen hier auf menschliche Hilfe angewiesen. Zudem ist die gute Heilungstendenz von äußeren Verletzungen an Bedingungen gebunden, vor allem an zwei: Jedes Wundsekret muß ungehindert abfließen, und die Katze muß die Stelle ablecken können.

Wunden sofort freilegen und säubern

Die wichtigsten Maßnahmen bei einer Wundversorgung zu Hause müssen deshalb darauf abzielen, ein zu rasches Verkleben der Wunde zu verhindern und jeden Sekretstau zu vermeiden.

Wenn Sie auf den Fall der Fälle vorbereitet sein wollen, kommen Sie um eine Anschaffung nicht herum: Sie müssen sich eine einigermaßen scharfe, *gebogene Schere* zulegen. Zu den wichtigsten Maßnahmen bei einer blutenden Verletzung, und sei sie noch so klein, zählt nämlich, die Haare um die Wunde herum sauber und großzügig (etwa 1 - 2 cm Abstand zur Wunde) abzuschneiden, um einen guten Überblick zu gewinnen und ein Verkleben mit Haaren und Sekret zu verhindern. Keine Sorge: die Haare wachsen später schnell wieder nach, und das Abschneiden der Haare besorgen Sie oft besser als jeder Fachmann, weil sich die Katze von Ihnen mehr gefallen läßt.

Keine Pflaster und Puder verwenden!

Bei allen weiteren Maßnahmen sollten Sie ein wenig die Maßstäbe, die Sie bei blutenden Verletzungen beim Menschen anlegen, außer acht lassen. Pflaster verbieten sich von selbst. Irgendwelche äußerlich anzuwendenden Wundpulver, Cremes und dergleichen sind nur dann von Nutzen, wenn die Wunde nicht beleckt werden kann. Sonst werden die Präparate sogleich aufgeleckt und landen dann im Magen, wo sie kaum Gutes, eher sogar Vergiftungen, anrichten. Der Apotheker wird Sie beraten können, was hier das beste Mittel ist. Großflächige Verletzungen mit stärkeren Blutungen gehören in die Hände des Tierarztes. Er wird vielleicht ein paar Nähte setzen, Wundränder begradigen, möglicherweise Wunden vergrößern, um besseren Sekretabfluß zu schaffen.

... sich verletzt hat

Überhaupt ist die Beurteilung einer bedenklich erscheinenden Blutung nicht einfach. Auch hier muß der Tierarzt eingreifen. Herumexperimentieren mit Druckverbänden oder Abbinden bringt meist mehr Schaden als Nutzen. Die Gefahr kleinerer Blutungen wird meist überschätzt. In der Regel ist sie schon zum Stillstand gekommen, wenn sich die Katze bei Ihnen blicken läßt. Auf blutstillende Watte und dergleichen sollten Sie jedenfalls verzichten.

Bei starken Blutungen keine Experimente

Die wichtigste Regel bei jeder Wundbehandlung: Wenn sich nach einigen Tagen guter Heilung eine auffallende Verschlechterung im Allgemeinbefinden, womöglich begleitet von Fieber, einstellt, dann muß die Katze sofort zum Tierarzt! Meist ist es dann zu einem Sekretstau mit Gefahr einer Blutvergiftung gekommen, die Wunde muß jetzt unbedingt fachmännisch behandelt werden.

Den Allgemeinzustand beobachten

Biß- und Kratzwunden: Gerade freilaufende Kater gehen mit ihren Artgenossen mitunter nicht sehr sanft um. Wenn Sie einen solchen Rabauken Ihr eigen nennen, werden Sie öfters in die Verlegenheit kommen, die obengenannten Prinzipien der Wundversorgung anzuwenden. Denken Sie an die gebogene Schere, die zu Ihrem medizinischen Inventar zählen sollte. Der müde Krieger wird das Abschneiden der Haare und die Versorgung mit Puder an den Stellen, an denen er nicht lecken kann, in den meisten Fällen geduldig hinnehmen.

Mehr Sorgen sollten Sie sich jedoch machen, wenn die Katze offensichtlich »einen Strauß« mit einem Hund ausgefochten hat. Zwar können sich die »sanften« Katzen gut zur Wehr setzen bzw. den Hund selbst das Fürchten lehren, aber es gibt ausgesprochene »Katzenjäger« unter den Hunden, die sehr erfahren an ihr manchmal fürchterliches Werk gehen. Oft bedienen sie sich einer Technik, gegen die kaum eine Katze Chancen hat: Sie packen Katzen am Rücken und schleudern sie wie ein nasses Handtuch hin und her. Diesem »Griff« können sie nur selten entkommen, meist bricht dabei die Wirbelsäule, das Tier ist rettungslos verloren und muß eingeschläfert werden.

Zusammenstöße mit Hunden

Was tun, wenn die Katze ...

Mit Bißwunden zum Tierarzt

Doch so schlimm muß es ja nicht abgehen. In jedem Fall ist häusliche Pflege bei Hundebissen nicht ausreichend, auch wenn die von den Reißzähnen des Hundes verursachten Bißwunden auf den ersten Blick sehr klein erscheinen. Häufig wird die Katze nach einigen Tagen ernsthaft krank: Bakterien sind durch die Wunden eingedrungen und haben sie infiziert. Ihr Tierarzt muß sich eingehend um die Wunden kümmern und sehr wahrscheinlich über einige Zeit Antibiotika verordnen.

Ein weiteres unerquickliches Thema sind Autounfälle, bei denen Katzen zu Schaden kommen. Wenn Sie bei einem solchen Unglück zugegen sind, wird es meistens ein fremdes Tier sein, das da zu Schaden kommt. Glücklicherweise, möchte man fast sagen, denn wenn es um Ihr eigenes Tier geht, werden Sie wohl Schwierigkeiten haben, die in dieser Situation nötige Gelassenheit und Kaltblütigkeit aufzubringen.

Autounfälle

Denn kaltblütig müssen Sie sein: Ist das Tier vom Fahrzeug angefahren und dabei weggeschleudert worden, hat es fast immer schwere innere Verletzungen, die in den meisten Fällen keine Heilungschancen haben. Lassen Sie sich nicht täuschen von der Tatsache, daß manche Tiere trotz dieser Verletzungen noch auf zwei oder drei Beinen zu flüchten suchen. Das ist nur ein weiterer Beweis für die immense Zähigkeit von Katzen und sagt nichts aus über die Schwere der Verletzung. Fangen Sie das Tier vorsichtig ein, und bringen Sie es sofort zum Tierarzt. Die Polizei kann Auskunft geben, wenn Sie niemanden in der Gegend kennen. Wenn Sie ein Auto in der Nähe haben, dann packen Sie die Katze zum Transport am besten in den Kofferraum (vorne hat sie nichts zu suchen, denn eine völlig verstörte Katze kann immer noch einiges anrichten und den Fahrer irritieren).

Schußverletzungen: Verdacht auf eine Schußverletzung müssen Sie dann haben, wenn Ihre Katze von einem Jagdausflug aus Wald und Feld zurückkehrt und es ihr sehr schlecht geht, obwohl sie nur eine kleine, aber offensichtlich tiefe Wunde hat. Auch bei Schußverletzungen mußt die Katze unbedingt zum Tierarzt.

...sich verletzt hat

Eine gute Erste-Hilfe-Maßnahme bei jeder Art von Unfall, Verletzung, Blutung, Schock und Kreislaufversagen oder Kollaps ist *Arnika D6* – in den ersten Stunden vier Gaben pro Stunde (auch bei Blutergüssen, Nasenbluten). Das Mittel ersetzt natürlich nicht den Tierarzt, es soll begleitend wirken.

Erste Hilfe bei Verletzungen

Verbrennungen: Die Behandlung ausgedehnterer Verbrennungen, Verbrühungen und Verätzungen ist Sache des Tierarztes. Wenn Sie sich trauen, können Sie bei kleineren Brandwunden vorher das Fell vorsichtig mit einer gebogenen Schere entfernen. Die Katze sollte dann wegen der Infektionsgefahr die nächsten Tage im Haus bleiben. Nach zwei Tagen können Sie zur Unterstützung der Wundheilung zweimal täglich dünn *Calendula-Salbe* oder *Johanniskrautöl* auftragen. Zur Abwehrsteigerung *Echinacea-Urtinktur*, dreimal täglich innerlich.

Insektenstich: Die Folgen eines Bienen- oder Wespenstiches können Sie mit *Apis D6* lindern, 5 Stunden lang stündlich eine Gabe. Bestehen gleichzeitig starke Schmerzen, geben Sie zusätzlich *Ledum D4*, drei Gaben täglich. Außerdem tut der Katze ein kalter Umschlag auf die Stichstelle gut.

Operationen: Nach Operationen braucht die Katze gute Pflege und viel Zuwendung. Halten Sie Wohnung und Ruheplatz warm und zugluftfrei. Um die Operationswunde nicht zu infizieren, sollten Sie auf Sauberkeit achten und dem Patienten bis zur Abheilung »Stubenarrest« verordnen. Zur Linderung des Operationsschocks und um starke Blutungen zu vermeiden, können Sie *Arnika D6* verabreichen, zwei Tage vor der Operation beginnend, dreimal täglich eine Gabe. Nach der Operation drei Tage lang *Arnika D30*, eine Gabe täglich.

Stubenarrest nach Operationen

Gehirnschütterung: Bei schweren Kopfverletzungen durch Stürze und Unfälle liegt fast immer eine Gehirnschütterung vor. Leichte Unfälle werden aufgrund der Zähigkeit des Katzentiers oft übersehen. Taumelt die Katze, fällt dann hin, steht wieder auf, als wäre nichts geschehen, kann das auf eine Gehirnerschütterung hindeuten. Weitere deutliche Hinweise sind Erbrechen, tiefe Atmung und Augenrollen.

Geben Sie *Arnika D4* und *Hypericum D4*, abwechselnd alle 15 Minuten eine Gabe in den ersten drei Stunden. Bei Verschlechterung suchen Sie den Tierarzt auf.

Homöopathische Spezialmittel

Sonstige Verletzungen: *Hypericum* ist das Mittel der Wahl bei allen Arten von Nervenverletzungen, auch bei Hautabschürfungen oder Lähmungen nach einem traumatischen Unfall: *Hypericum D3*, vier Gaben stündlich bis zur Besserung. Nach dem ersten Tag weiter mit *D6*, dreimal täglich.

Bei stark blutenden Bißwunden oder auch Quetschungen greifen Sie (wenn kein Tierarzt in der Nähe ist!) zu *Arnika D4* und *Hamamelis D4*, je viermal in der Stunde, bis die Blutung steht. Zusätzlich dann *Calendula D3*, dreimal täglich.

Bei Stichwunden oder Verletzungen durch spitze Gegenstände ist *Ledum D4* nützlich, alle 15 Minuten am ersten Tag, dann dreimal täglich.

Verletzungen der Sehnen, Bänder und Gelenke sprechen meist gut auf *Ruta graveolens D3* an – viermal täglich drei Tage lang. Zusätzlich Umschläge mit *Calendulatinktur*.

Wenn Wunden schlecht heilen, beispielsweise Operationswunden, oder wenn Narben eitern, geben Sie *Staphisagria D6*, dreimal täglich.

Einschläfern

Und noch ein Hinweis aus Erfahrung: Versuchen Sie nicht, eine tödlich verletzte Katze selbst von ihrem Leiden zu erlösen. Katzen sind eben sehr zäh, und sie können solchen laienhaften Erlösungsversuchen lange Zeit widerstehen. Man weiß heute zudem, daß Katzen ohnehin kaum Schmerzen fühlen, wenn sie schwer verletzt sind, weil der Körper – wie beim Menschen auch – bestimmte Substanzen (Endorphine) ausschüttet, die wie natürliche Schmerzmittel wirken. Bringen Sie sie zum Tierarzt, der das Tier einschläfern wird.

... immer dicker oder immer dünner wird

Katzen sind ein Sinnbild für schlank-elegante Grazie in Ruhe und Bewegung. Junge Kätzchen und langhaarige Rassen wirken zwar kugelig und knuddelig rund, aber wie bei den kurzhaarigen Brüdern und Schwestern sollen sich auch bei ihnen unter dem Fell geschmeidige Muskelschichten verbergen und kein übermäßiger Fettansatz.

Aufmerksam sollten Sie spätestens dann werden, wenn sich Ihre Katze merklich verändert, wenn sie langsam oder rasch dicker oder dünner wird. Möglicherweise haben Sie Fehler bei der Ernährung gemacht, es »zu gut« mit Ihrem Liebling gemeint. Oder es liegt gar eine ernstere Erkrankung vor – Möglichkeiten, was die Ursache betrifft, gibt es mehrere.

Probleme mit der »schlanken Linie«

Fettsucht: Wenn das Dicksein bei Mensch und Tier nur eine Frage des äußeren Erscheinungsbildes, der gerade herrschenden Mode und der Ästhetik wäre, bräuchte man keine großen Worte über die Adipositas, so der wissenschaftliche Ausdruck für die Fettsucht, zu verlieren. Aber leider hat dieses immer häufiger auftretende Wohlstandsleiden auch für die Katzen schwerwiegende gesundheitliche Auswirkungen und muß deshalb eingehender besprochen werden.

Fette Katzen leiden beispielsweise unter starker Beanspruchung ihrer Knochen, Sehnen und Gelenke. Das ist insofern gefährlich, als sich diese Beanspruchung manchmal erst nach längerer Zeit in degenerativen Veränderungen des Knochengerüsts niederschlägt. Übergewicht leistet zudem zahlreichen Stoffwechselkrankheiten Vorschub.

Übergewicht belastet

Einmal ganz klar gesagt: Die Last der Verantwortung für die Fettpolster einer Katze trägt der Besitzer, sowohl für ihre Entstehung als auch für ihre Beseitigung! Wenn Sie bei der Lektüre jetzt ein »schlechtes Gewissen« bekommen – es ist kein guter Ratgeber, wenn man etwas für seine Katze tun möchte.

Anders als bei dem Gruppentier Hund ist es eigentlich überflüssig,

Was tun, wenn die Katze ...

Katzen sind disziplinierte Esser

Katzen zu gesittetem und maßvollen Fressen anzuhalten. Es gehört zur Natur dieses disziplinierten Tieres, langsam und meistens nur so viel zu fressen, wie es sein Körper wirklich verlangt. Verschiedene Umweltbedingungen können aber dieses instinktverankerte Verhalten aus dem Gleichgewicht bringen:

– Ist eine andere Katze im Haushalt oder gar ein Hund, kann sich ein Konkurrenzverhalten entwickeln, das manchmal in Freßorgien mündet.

– Wie beim Menschen, so beim Tier. Verwöhnung und »Gutes tun« setzt man oft mit reichlichem Futter bzw. häufigen Süßigkeiten und nicht artgerechten »Leckerbissen« gleich und fördert so den Fettansatz.

– Langeweile, kombiniert mit einem stets gefüllten Freßnapf, sorgt manchmal dafür, daß die Katze ihr angeborenes Naturell vergißt und zu einem kleinen Schlemmer wird.

– Wenn die Katze unter Heimweh oder mangelnder Zuwendung leidet, neigt sie zwar im Regelfall eher zu Appetitmangel, aber manchmal kann auch genau das Gegenteil passieren.

Woran erkennt man nun, ob die Katze ein paar Pfunde zuviel mit sich herumschleppt? Sicher feststellen läßt sich das nicht immer leicht, auch deshalb nicht, weil ich Ihnen keine Tabelle für das »Normalgewicht« geben kann. Dazu sind die Rassen- und Größenunterschiede zu erheblich. Zudem verwischen Fell und Haarlänge die Konturen einer Katze zu sehr. Natürlich können Sie eine Hautfalte zwischen Daumen und Zeigefinger nehmen und vorsichtig ziehen. Was Sie nun in den Fingern halten, ist das Unterhautfettgewebe. Wie dick ist es? Wenn Sie Ihre Katze aufheben, wie fühlen sich die Muskeln an? Sind sie straff oder schlaff?

Gewichtsüberprüfung

Wenn Sie genauer prüfen wollen, brauchen Sie eine Waage und Zeit. Wenn Sie beim wöchentlichen Wiegen eine allmähliche Zunahme feststellen, dann ist es höchste Zeit, Maßnahmen zu ergreifen, denn bei einer normalgewichtigen Katze sind nur geringfügige Schwankungen zu beobachten. Ist Ihre Katze ansonsten gesund, nimmt aber langsam zu, dann ist der Verdacht auf Fettsucht gegeben.

... dicker oder dünner wird

Was tun, wenn Sie merken, daß Ihre Katze auf dem besten Weg ist, ein kleiner »Garfield« zu werden? Das Wichtigste zuerst: keine Medikamente und kein Fasten! Wie auch bei uns Menschen nützen appetithemmende Medikamente zwar durchaus, nämlich ihrem Hersteller. Und sonst niemandem! Mit Fasten erzielen Sie schnelle und sichtbare Erfolge, aber nach Beendigung der Fastenperiode kann es sein, daß Sie sich mit Futterverweigerung oder anderen Verhaltensstörungen herumschlagen müssen.

Appetithemmer nützen nichts

Wenn Sie Ihrer Katze wieder eine schlanke und ranke, der Katzennatur gemäße Figur verschaffen wollen, sollte es einer *einzigen* Person vorbehalten sein, die Katze zu füttern. Leckerbissen »außer der Reihe« sind verboten. *Reduzieren Sie die Futtermenge um die Hälfte bis ein Drittel der bisher gewohnten Menge.* Wenn sich ihr Gewicht nach einer Woche nicht verringert hat, dann geht sie futtermäßig irgendwo »fremd«, beim Nachbarn oder bei einem allzu wohlwollenden Familienmitglied.

Keine Naschereien!

Inzwischen gibt es ballaststoffreiche und energiearme Katzen-Spezialdiäten zu kaufen, die Sie aber auch selbst zusammenstellen können. Die Katzen mögen sie meist nicht besonders, aber das ist ja ein erwünschter Nebeneffekt. Als Getränk sollten Sie es bei klarem, frischem Trinkwasser belassen; Milch ist ein Nahrungsmittel, sie sollte zumindest während der Diät vom Speisezettel gestrichen werden.

Katzen-Spezialdiät

Bewegung tut natürlich gut, reicht aber allein nicht aus. In der Regel setzen freilaufende Katzen nicht an, weil Mäuse, auch wenn sie zahlreich vorkommen, für eine Speckschicht nicht viel hergeben. Ausgewogen und ausreichend ernährte Katzen sind übrigens bessere Jäger, weil sie nicht so nervös sind.

Trächtigkeit: Ist Ihre Katze relativ rasch rundlicher geworden? Dann sollte Ihr erster Gedanke nicht einer möglichen Diät gelten, sondern dem Kater, der unter Umständen für die Rundung gesorgt hat, besonders, wenn Ihre Katze nicht kastriert ist. Wenn Sie genau hinsehen und feststellen, daß das Tier ansonsten schlanke und normale Linien aufweist, nur der Bauch gerundet ist und darüber

hinaus sich auch das Verhalten des Tieres ändert in Richtung vermehrte Anhänglichkeit und Gelassenheit – dann steht mit hoher Wahrscheinlichkeit Nachwuchs ins Haus.
Wenn Sie jetzt in Panik geraten und junge Kätzchen unerwünscht sind, haben Sie immer noch Gelegenheit zur Kastration. Dabei wird mit den Eierstöcken die gefüllte Gebärmutter total entfernt – für den Tierarzt ein längerer, aber keineswegs außergewöhnlicher Eingriff, der kein Risiko birgt.

Bauchwassersucht: Wenn sich wie bei der Trächtigkeit nur der Bauchumfang vergrößert, allerdings enorm, die Katze aber ansonsten normale Körperformen und einen mageren Rumpf aufweist, kann es sich auch um Bauchwassersucht handeln. Manchmal sehen die Tiere dann wie ein aufgegangener Brotteig aus, der über den Stuhl dahinfließt.

Symptome

Drücken Sie mit beiden Händen gegen den Bauch, können Sie fühlen, wie drinnen Flüssigkeit in Wellenbewegung schwappt und gluckert. Im weiteren Verlauf bildet sich oft ein Hängebauch aus. Durch die Flüssigkeitsvermehrung entsteht ein erhöhter Druck in der Bauchhöhle und auf das Zwerchfell, so daß die Atmung beeinträchtigt wird. Häufig magern die Tiere im Verlauf dieser Veränderungen ab.

Krankheitshintergründe

Die relativ seltene Bauchwassersucht (Aszites) wird durch einen chronischen Krankheitszustand, meist der Leber, verursacht und ist eine sehr ernste Sache. Sie tritt nie für sich allein auf, sondern steht immer im Zusammenhang mit krankhaften Veränderungen der Leber, langanhaltenden Blutstauungen, auf große Blutgefäße, durch Tumoren und einer möglicherweise schon länger bestehenden Herz-Kreislauf-Schwäche. Seltener kommen schwere Ernährungsstörungen, Bauchfellentzündung und Tuberkulose als Ursachen in Frage.

Als erster Schritt müssen die identifizierten Ursachen bekämpft werden. Wenn keine Besserung eintritt, muß die Bauchhöhle punktiert werden, um die angesammelte Flüssigkeit ablaufen zu lassen. Zwar fällt dann der Bauch zusammen, aber das bringt nur für kurze

...dicker oder dünner wird

Zeit Abhilfe. Die Ursache muß intensiv behandelt werden. In der Regel ist die Prognose nicht günstig, das muß man leider sagen.

Bauchfellentzündung: Die feline infektiöse Peritonitis (FIP = ansteckende Bauchfellentzündung) erzeugt im typischen Fall auch eine deutlich erkennbare Füllung des Bauchraumes mit Flüssigkeit. Sie kann durch Bakterien entstehen, die vom Darm aus etwa durch Fremdkörper oder von außen nach einer Operation, Punktion sowie nach einer Unfallverletzung in die Bauchhöhle gelangen. Kennzeichen sind eine hochfieberhafte Allgemeinerkrankung mit beschleunigtem Puls, oberflächlicher Atmung und rot verfärbten Schleimhäuten. Der Bauch ist wie aufgeschnürt, beim Betasten zeigt die Katze Schmerzen, Ihre Bewegungen sind tastend und langsam. Manchmal bestehen Brechreiz und schmerzhaftes Würgen, Kot- und Harnabsatz können gestört sein. Der Appetit läßt nach, und das Tier magert ab – nur der Bauch ist gefüllt. Eine gezielte Behandlung gibt es nicht, Heilungen wurden bisher noch nicht beobachtet.

Symptome

Gebärmutterentzündung: Ein Grund für das Abmagern Ihrer Katze kann die gefürchtete chronische Gebärmutterentzündung (Pyometra) sein, an der Katzen glücklicherweise wesentlich seltener erkranken als Hündinnen. Manchmal fließt der eitrige Inhalt der Gebärmutter durch die Scheide nach außen ab, was aufmerksamen Tierhaltern auffällt. Erbrechen und ständiger Durst können weitere Kennzeichen dieser Krankheit sein.
Stets magert die Katze dabei ab, der Appetit läßt nach, so lange, bis jedem Laien auffällt, daß sie schwer krank ist.
Ist der Gebärmutterausgang blockiert, staut sich der Eiter, und der Bauchumfang nimmt zu. In der Regel ist aber der Allgemeinzustand der Katze so schlecht, daß Sie schon lange vorher auf die Idee kommen werden, den Tierarzt aufzusuchen. Wenn der Eingriff – die totale Entfernung der entzündeten Gebärmutter mitsamt den Eierstöcken – rechtzeitig erfolgt, brauchen Sie sich keine allzu großen Sorgen zu machen: Die Chancen für eine vollständige Heilung sind

Alarmzeichen Appetitmangel

Was tun, wenn die Katze ...

gut, und meist blühen die Tiere nach der Operation regelrecht auf. Je schlechter das Allgemeinbefinden schon ist, desto mehr sinken die Heilungschancen. Schon der Verdachtsfall rechtfertigt deshalb den Gang zum Tierarzt.

Neben liebevoller Betreuung und der tierärztlich verschriebenen Nachbehandlung können Sie bei gelblich-grünem Ausfluß *Pulsatilla D4*, viermal täglich, geben; ist er bräunlich, *Sepia D4*.

Ursachen für Abmagerung

Verschiedenste weitere Ursachen können für das Abmagern von Katzen verantwortlich sein: Schilddrüsenkrankheiten, Bauchspeicheldrüsenerkrankungen usw. Die Ursache ist meist nicht leicht zu finden und muß vom Tierarzt durch eine eingehende Untersuchung abgeklärt werden.

... knotige Veränderungen am Körper aufweist

Tumoren sind selten

Glücklicherweise kommen Geschwülste verschiedenster Art bei Katzen wesentlich seltener vor als bei Hunden. Allerdings sind Tumoren bei Katzen zu einem hohen Prozentsatz bösartig. Sie sollten daher eine regelmäßige Untersuchung auf das Vorkommen von Knoten in Ihre Pflege mit einbauen.

Kontrolle beim Streicheln

Tumoren: Geschwulstartige Veränderungen lassen sich vom Laien nur feststellen, wenn sie an sicht- oder tastbaren Stellen auftreten: in erster Linie in oder unter der Haut. Achten Sie beim streichelnden Betasten auf jede Unregelmäßigkeit, und schenken Sie knotenförmigen Verdickungen besondere Aufmerksamkeit. Mit zunehmendem Alter nimmt übrigens die Häufigkeit der Tumorbildung zu.
Bei weiblichen Katzen wird gelegentlich die Milchdrüse befallen, besonders am vorderen, brustseitigen Teil. Relativ bald zerfällt die Oberhaut geschwürig, so daß sie möglicherweise mit einer schlecht heilenden Wunde verwechselt werden kann. Das ist die einzige Tumorart, der man relativ zuverlässig vorbeugen kann: Kastrierte Katzen bekommen sie kaum.

... knotige Veränderungen aufweist

Weiße Katzen erleben manchmal Veränderungen an den Ohrspitzen. Sie sehen wie knollig-verkrustete Wunden aus und sind meist bösartig.

Wenn innere Organe von Tumoren befallen sind, wird Ihnen das kaum auffallen. Ein vager Verdacht ist angebracht, wenn die Katze ohne erkennbaren Grund abmagert. Auch für einen Tierarzt ist es dann noch schwer genug, den Knoten zu entdecken.

Gutartige Geschwülste entwickeln sich langsam und können an verschiedenen Körperstellen zugleich auftreten.

Wachstum der Tumoren

Bösartige Geschwülste wachsen meist rasch, wobei die in der Nähe liegenden Lymphdrüsen in der Regel vergrößert sind.

Die einzige Behandlung aller Tumorformen bei Katzen besteht in der operativen Entfernung. Je eher sie durchgeführt wird, desto mehr Erfolg verspricht der Eingriff.

Sie müssen nicht unbedingt wegen jeder merkwürdigen Erscheinung an Haut oder Unterhaut zum Tierarzt gehen, aber wenn sich der Bereich vergrößert, muß der Arzt weiterhelfen. Merken Sie sich die Zeiträume des Auftretens und der Vergrößerung: sie sind dem Arzt eine wertvolle Hilfe bei seiner Arbeit.

Aufgrund der relativen Seltenheit von Geschwülsten bei der Katze ist im großen und ganzen keine übertriebene Sorge angebracht.

Eingeweidebrüche: Manchmal kann man bei Katzen schmerzlose Vorwölbungen am Bauch beobachten, die auf vorsichtigen Druck in den Bauch zurückweichen. Tastet man genauer, kann man in der straffen Bauchdecke einen Spalt (Bruchpforte) fühlen. Nimmt man den Druck weg, stellt sich die Vorwölbung wieder ein. Mit einiger Sicherheit handelt es sich um einen angeborenen oder durch Unfall verursachten Nabel- bzw. Eingeweidebruch (Hernie), bei dem die Bauchwand, nicht aber die äußere Haut eingerissen ist. Kennzeichen ist die weiche, schmerzlose Schwellung ohne vermehrte Wärme.

Als Behandlung kommt nur eine Operation in Frage. Der Tierarzt wird die vorgefallenen Eingeweideteile in die Bauchhöhle zurückbringen und die Bruchpforte nähen. Auch hier ist Eile angesagt: Ein

Operative Korrektur

Was tun, wenn die Katze ...

Bruch stellt eine ständige Gefahr dar, weil es zu einem lebensgefährlichen Darmverschluß kommen kann.

Furunkel, Abszesse: Furunkel bilden sich um eine entzündete Haarwurzel herum, eitergefüllte Abszesse können überall im Körper entstehen.

In der Regel sind Eiteransammlungen schmerzhaft und fühlen sich im akuten Stadium warm an, während Tumorknoten schmerzlos und im allgemeinen kühl sind. Später kapseln sie sich manchmal ab und fühlen sich dann auch »kühl« an. Auch ein Tumor kann relativ früh geschwürig zerfallen und dann mit einer Entzündung verwechselt werden.

Nicht experimentieren

Grundsätzlich muß es dem Fachmann überlassen bleiben, die Unterscheidung zu treffen. Von jedem eigenhändigen Experimentieren ist abzuraten.

Als homöopathische Unterstützung bei Abszessen kommt *Hepar sulfuris D6* oder *Myristica sebifera D3* in Frage: dreimal täglich eine Gabe bis zur Eröffnung des Abszesses. Auch warme Umschläge mit *Zinnkraut* oder heiße *Heublumensäckchen* aus der Apotheke können helfen, den Eiter nach außen abzuleiten, vorausgesetzt natürlich, Ihre Katze läßt das einigermaßen willig über sich ergehen.

... sich merkwürdig benimmt

Vielleicht haben Sie es auch schon einmal erleben »dürfen«: Eben noch war Ihr Katzentier der angenehmste und liebenswürdigste Hausgenosse, unauffällig, pflegeleicht und sauber. Und ganz plötzlich, aus »heiterem Himmel«, geschehen merkwürdige Dinge. Die Katze hört auf zu fressen. Oder aus einem knuddligen Schmusetier wird ein fauchendes Bündel Aggressivität, das feinziselierte Zeichnungen in Handrücken und Waden ritzt. Oder das Bächlein wird plötzlich des öfteren präzise *neben* das Katzenklo gesetzt (oder

Auffällige Stimmungsschwankungen

auf den teuren Teppich). Oder die ehemals muntere und keineswegs scheue Katze ist nicht unter dem Bett hervorzulocken, wenn Besuch kommt. Was ist passiert?
Verhaltensstörungen bei Katzen sind nicht selten. Ihr Nervenkostüm ist zwar belastbar, aber doch fein gewirkt. Besonders die Erfahrungen, die ein junges Kätzchen mit seiner Umwelt macht, prägen sich tief ein und beeinflussen den Charakter einer Katze lebenslang. Wenden wir uns den häufigsten »neurotischen« Störungen zu.

Unsauberkeit: Wenn Ihre bislang stubenreine Katze plötzlich damit beginnt, Pfützchen wahllos in der Wohnung zu verteilen und die Möbel mit Urin zu bespritzen, gibt es eigentlich nur zwei Möglichkeiten, was die Ursache betrifft: Entweder liegt eine körperliche Störung – Blasenentzündung, Harnsteine u. a. – vor, sie muß vom Tierarzt abgeklärt werden. Oder: Die Katze drückt ihr unmißverständliches Mißfallen über irgend etwas aus.

Mißfallensäußerungen durch Unsauberkeit

Wenn sich herausstellt, daß Ihr Liebling körperlich gesund ist, müssen Sie ein wenig Detektivarbeit leisten, um nach den Gründen für seine Ungehörigkeit zu suchen. Was hat sich kurz vor Beginn der Störung in Ihrer Wohnung verändert? Haben Sie den Alltag Ihrer Katze, Ihre Verhaltensroutine durch Zwang verändert? Ist ein neues Familienmitglied eingetroffen, ein Dauergast? Neue Möbel? Wenn Sie glauben, eine Ursache entdeckt zu haben, dann können Sie sie vielleicht noch korrigieren. Wenn nicht, bzw. wenn keine mögliche Ursache erkennbar ist, müssen Sie zu anderen Mitteln greifen.

Korrekturmethoden

Versuchen können Sie es erst einmal mit der »sanften« Methode: ein wenig mehr Zuwendung, keine Beachtung der »Unglücke«, nicht mit Schuhen werfen oder mit der Zeitung schlagen, ein paar Tröpfchen Kölnisch Wasser auf die gesäuberten Stellen geben (davor ekeln sich die Katzen).
Wenn das nicht hilft, kann Sie als letztes Mittel der Tierarzt beraten. Möglicherweise wird er Ihnen empfehlen, einige Zeit die gleichen Hormonpräparate zu verwenden, die auch zur Rolligkeitsverhin-

derung eingesetzt werden. Damit wurden schon erstaunliche Erfolge erzielt.

Kratz- und Beißwut

Aggressivität: Wenn Sie sich manchmal von Zähnen und Krallen ein paar Piekser und Kratzer beim spielerischen Umhertoben mit Ihrer Katze einfangen, ist das nicht weiter erwähnenswert. Wenn das Tier jedoch direkt und »absichtlich« zu kratzen und zu beißen beginnt und die Kratzer in Wunden, die nichts mehr mit dem »Eifer des Gefechts« zu tun haben, übergehen, dann liegt das vielleicht an einer Art Aggressionsstau. Er stellt sich manchmal ein, wenn die Katze keine Gelegenheit hat, ihren Jagd- und Beuteinstinkt auszuleben. Mit dem geeigneten Spielzeug – Stoffbällen, Papierkugeln usw. – läßt sich da Abhilfe schaffen. Eine tolle Sache sind Mäusehöhlen mit Plastikmäusen, die es im Tierfachhandel zu kaufen gibt. Allein die Beobachtung der Katze beim artgerechten Tun entschädigt für die Kosten.
Nur wenn gar nichts mehr hilft, kann der Tierarzt eine spezielle Hormonbehandlung verordnen.

Liebeskummer

Futterverweigerung: Besitzer von Tierheimen und Katzenpensionen wissen es sehr gut: Ungeliebte, von Ihren Besitzern ausgesetzte oder auch nur zum Urlaub ins Heim gebrachte Katzen können so sehr leiden, daß sie die Futteraufnahme schlicht verweigern, bis hin zur völligen körperlichen Erschöpfung. Zwangsfütterungen bringen nichts, das Tier wird nur noch mehr verschreckt. Versuchen Sie es mit kleinen Portionen ihres Lieblingsfutters, mit Traubenzucker im Getränk. Auch hier ist der Tierarzt die letzte Instanz: Er kann ein appetitförderndes Mittel verabreichen. Auch danach sollten Sie die Futterportionen klein halten.

Übergroße Ängstlichkeit: Was haben Sie von einer Katze, die bei jedem Geräusch schreckhaft zusammenzuckt und unter dem Bett verschwindet, die bei jedem Gast das Weite sucht und sich lange nicht mehr blicken läßt, die nur alleine an ihr Futter geht? Möglich ist, daß Sie eine schon erwachsene Katze angenommen haben, die in ihrer Jugend schlechte Erfahrungen mit Menschen gemacht hat. Es ist sehr schwer, ihr neues Vertrauen einzuflößen, und wenn es Ihnen überhaupt gelingt, dann meist nur im Verhältnis zu Ihnen und Ihrer Familie. Jeder »Fremdling« bringt die alten Verhaltensmuster zurück.

Jedenfalls sind vorsichtige und einfühlende, »vertrauensbildende« Maßnahmen die einzige Methode, einer neurotischen Katze beizukommen und ihre neuen Mut zu geben.

Vertrauensbildende Maßnahmen

»Schlittenfahren« Wenn Ihre Katze auf dem »Hosenboden« dahergerutscht kommt, liegt höchstwahrscheinlich eine Entzündung der Analdrüsen vor. Lassen Sie sich von Ihrem Tierarzt zeigen, wie Sie die Drüsen entleeren können.

Entzündung der Analdrüsen

Homöopathie ist eine ganzheitliche Medizin, die auch bei Verhaltensstörungen unterstützend therapeutisch wirken kann:
Einer überempfindlichen, sehr anhänglichen, ängstlichen Katze können Sie vielleicht mit *Phosphorus D30* helfen, eine Gabe alle zwei Tage. Hat sie in einer neuen Umgebung Heimweh nach ihrem früheren Zuhause oder sehnt sie sich nach ihrem früheren Besitzer, versuchen Sie es mit *Ignatia D30*, dreimal am Tag eine Gabe; hilft das nicht, geben Sie *Argentum nitricum D12*, zweimal täglich. Zuckt sie bei jedem Geräusch zusammen, geben Sie *Hysoscyamus D200*, zweimal wöchentlich eine Gabe.

... schlecht riecht

Wenn Ihre Katze unangenehme oder abstoßende Gerüche ausströmt, hat nicht nur Ihre Nase Grund, beleidigt zu sein: Sie müssen in Aktion treten, um die Ursachen zu ergründen oder zu behandeln. Denn Katzen sind von Natur aus sauber und riechen angenehm, ein störender Geruch ist fast immer ein Zeichen dafür, daß irgend etwas nicht stimmt, daß Ihr Tier nicht ganz gesund ist.

Unangenehme Gerüche aus dem Katzenmaul lassen zunächst einmal Zahnstein oder schlechte Zähne vermuten. Eine Gebißregulierung durch den Tierarzt schafft hier Abhilfe.

Zahnfleischgeschwüre

Fauliger Geruch durch Zahnfleischgeschwüre ist schon eine ernstere Sache und hängt möglicherweise mit einem verschleppten Katzenschnupfen zusammen.

Ein süßlicher Uringeruch weist auf eine Nierenstörung hin, der Gang zum Tierarzt sollte so schnell wie möglich erfolgen.

Chronische Magen-, Darm- und Stoffwechselstörungen bewirken auch manchmal schlechten Mundgeruch. Als Begleitung zur tierärztlichen Behandlung können Sie *Carbo vegetabilis* und *Nux vomica D12*, zweimal täglich über 10 Tage, verabreichen.

Daß Durchfall und Ausfluß als Symptom einer Gebärmutterentzündung Ihre Riechnerven belasten wird, brauche ich nicht eingehender zu besprechen; über die nötigen Maßnahmen wurde schon gesprochen.

Wenn Ihre Katze einen »Ganzkörper-Duft« abgibt, sollten Sie zuerst folgendes prüfen:

– Wie füttern Sie Ihre Katze? Mit älteren Fleisch- oder Fischabfällen? Dann brauchen Sie sich über Ihre Ausdünstungen nicht zu wundern. Wie Knoblauch beim Menschen geht das direkt durch die Haut.

Jede Katze riecht so gut wie ihre Toilette

– Benützen Sie geruchsbindendes Katzenstreu? Wenn nicht, haben Sie die Lösung des Problems. Jede Katze riecht so gut wie ihre Toilette.

– Wie sieht es in der Nachbarschaft mit dem Inhalt der Mülltonnen aus? Manche Katzen lassen dafür ihr am häuslichen Herd liebevoll zubereitetes Futter gerne stehen. Wie die Katze dann nach ihrem Beutezug riecht, brauche ich nicht zu erklären.

– Wenn Sie ein sehr »feines Näschen« haben und ihr gesundes und munteres Tier für Ihren Geschmack immer noch zu sehr nach »Tier« riecht, können Sie es mit geruchstilgenden *Chlorophyll-Tabletten* probieren.

... sich möglicherweise vergiftet hat, unlustig und oft müde ist

Katzen können sich auf so unterschiedliche Weise vergiften, daß nur spezielle Untersuchungsmethoden die genauen Ursachen herausfinden können. Jede Vergiftung gehört unverzüglich in tierärztliche Behandlung. Katzen sind jedoch vorsichtige, wählerische und schlaue Tiere, besonders bei der Nahrungsaufnahme, so daß man nur selten in diese Verlegenheit kommt.
Möglich sind Vergiftungen über den Magen, die Haut und die Lungen. Ein hoher Prozentsatz hat seine Ursache im Auflecken von Pflanzen- und Holzschutzmitteln und im Verspeisen vergifteter Mäuse und giftiger Pflanzen. Hier eine Liste von Pflanzen, die nicht vertragen werden:
Amaryllis, Anemonen, Acker- und Alpenveilchen, Christrose, Chrysanthemen, Clematis, Edelweiß, Efeu, Farne, Feldstiefmütterchen, Fingerhut, Frauenschuh, Geranie, Ginster, Goldregen, Herbstzeitlose, Hyazinthe, Iris, viele Kakteen (wobei Sie auf diese weniger achten müssen, die Stacheln verhindern, daß sie angeknabbert werden), Krokus, Lilie, Löwenzahn, Lorbeer, Maiglöckchen, Magnolien, Narzisse, Nelke, Oleander, Orchidee, Philodendron, Primel, Rhododendron, Schlüsselblume, Schneeglöckchen, Usambaraveilchen, Weihnachtsstern, Zypresse.

Giftige Pflanzen

Hat Ihre Katze Ratten- oder Mäusegift gefressen, können Sie es am typischen Knoblauch-Mundgeruch feststellen.
Pflanzen- und Holzschutzmittel können Haarausfall und Hautverdickungen und -verhärtungen hervorrufen.
Aufgeleckte Quecksilbersalbe bewirkt Entzündungen und Geschwüre am Zahnfleisch und an der Mundschleimhaut.
Über längere Zeit verabreichte Antibiotika können Unruhe, Gleichgewichtsstörungen und Erbrechen auslösen.
Bei allen Vergiftungen können Sie die homöopathischen Medikamente *Okoubaka D2* und *Nux vomica* geben, im Verdachtsfall oder auch begleitend zur tierärztlichen Behandlung. Stündlich je 4 Gaben bis zur Besserung.

Chemie-Vergiftungen

Zum guten Schluß

Ein Buch über Katzenkrankheiten befaßt sich mit Katzenkrankheiten. So einfach ist das.

Wenn Sie, liebe Leserin und lieber Leser, noch keine Katze besitzen und aus Neugier oder Verantwortungsgefühl dieses Buch erworben haben, könnte ich mir vorstellen, daß Ihr Wunsch, Ihre Familie um ein Katzentier zu bereichern, etwas von seiner Intensität verloren hat, jetzt, nachdem Sie erfahren haben, was den Katzen so alles passieren kann. An den Reaktionen von Katzenbesitzern auf das fertige Manuskript habe ich ablesen können, daß manche von ihnen einige Wochen lang ihre Katze mit fast »hypochondrischer« Sorge beobachtet haben, auf Anzeichen hin, denen eine oder mehrere der hier beschriebenen körperlichen Störungen zugrunde liegen könnte.

Kein Grund zu übertriebener Sorge

Beiden – den Katzenbesitzern wie den Noch-nicht-Besitzern – möchte ich eine Geschichte erzählen, eine kleine, wahre Begebenheit aus meinem Leben, eine jener Erfahrungen, die die eigene Haltung dem Leben (und auch der eigenen Katze) gegenüber grundlegend verändern können, wenn man dazu bereit ist.

Vor langen Jahren, kaum dem Schulranzen entwachsen, unternahm ich eine Reise nach Argentinien. An einem sehr heißen Tag ließ ich mich dazu überreden, Hotel und kühlenden Swimmingpool zu verlassen und eine Busreise ins Landesinnere zu unternehmen. Nach langer, anstrengender Fahrt in einem backofenheißen Uralt-Bus murmelte ich auf Englisch vor mich hin: »Wenn ich das vorher gewußt hätte, wäre ich nicht gefahren.«

Daraufhin drehte sich vor mir eine alte Indiofrau um und sagte in perfektem Englisch: »Komm schon, Jungchen. Wenn Du vorher gewußt hättest, was Dich im *Leben* erwartet, wärst Du gar nicht *geboren* worden.«

Literaturhinweise:

Ellert-Overbeck, Brigitte: Das neue Katzenbuch: Rassen, Aufzucht, Pflege, Falken-Verlag, Niedernhausen/Taunus 1982.
Kraft, Wilfried: Kleintierkrankheiten, Ulmer Verlag (UTB für Wissenschaft), Stuttgart 1984.
Merkblätter des Bundes gegen den Mißbrauch der Tiere e.V., Viktor-Scheffel-Str. 15, 8000 München 40.
Rolle, Michael und Mayr, Anton: Mikrobiologie, Infektions- und Seuchenlehre, Ferdinand Enke Verlag, Stuttgart 1978.
Spangenberg, Rolf: Katzenkrankheiten, Falken-Verlag, Niedernhausen/Taunus 1981.
Weiss, Friedrich: Meine Katze ist krank, PDV Sachbuchverlag, Hannover 1985.
Wolff, Hans Günter: Unsere Katze gesund durch Homöopathie, Johannes Sonntag Verlagsbuchhandlung, Regensburg 1983.

Nützliche Adressen:

Informationen über Katzen und Adressen von Züchtern erhalten Sie bei der *Deutschen Rassekatzenunion,*
Hauptstraße 21, 5591 Landkern
oder beim *Deutschen Edelkatzenzüchterverband,*
Friedrichstr. 48, 6200 Wiesbaden 1.
Anschriften von Tierhaltern, die zur wechselseitigen Betreuung von Heimtieren bereit sind, erhalten Sie bei der *Nachbarschaftshilfe für Ferientiere der Arbeitsgemeinschaft Deutscher Tierschutz,* Dr. Boschheidgenstraße 20, 4130 Moers, Tel.: 0 28 41/13 93.
Auch über Tierschutzvereine und Kleinanzeigen können Sie Betreuer für Ihre Tiere finden.
Merkblätter und Informationen über die richtige Haltung und Pflege von Kleintieren erhalten Sie bei jedem *Tierschutzverein* oder beim *Deutschen Tierschutzbund,*
Baumschulalle 15, 5300 Bonn 1.

Register

Abgeschlagenheit 67
Abmagerung 71, 73, 145
Abszesse 148
Abwehrverhalten 29
Afterverklebung 124
Aggressivität 150
Analdrüsenentzündung 151
Anatomie 21
Angriffslust 29, 72, 150
Ängstlichkeit 29, 150
Art und Abstammung 10, 19, 32
Auslauf 17
Ansteckungsgefahr für Menschen 71
Antibiotika 64
Appetitlosigkeit 67, 72
Arzneien verabreichen 84, 88
Atem 24
Atembeschwerden 71, 73
Atemwegs-Erkrankungen 103
Augen 14, 30, 48
Augen-Ausfluß 69, 74
Augenbehandlung 88
Augenbindehautentzündung 96
Augenentzündung 95
Augen, geschwollene 95
Augenhornhaut-Entzündung 97
Augen, Nickhaut-Vorfall 96
Augenpflege 49
Augen, trübe und wäßrige 94
Augen, verklebte 95
Augenverletzungen 95
Augenwischen 48, 69
Aujeszkysche Krankheit 70
Auslandsreisen 44, 65
Ausscheidungen 70
Autofahren 36, 44

Babyschreien 57
Bäder 48, 110
Baldrian 16
Ballaststoffe 51
Ballenverletzungen 133
Bandwürmer 54
Bauchfellentzündung, infektiöse 70, 145
Bauchumfang, Vergrößerung 71, 141, 144, 145
Becken 21
Beckenbruch 131
Beckenrand, vorderer 21

Beinbruch 130
Beißsucht 72
Beutetier 30
Biß-Kratz-Wunden 72, 137
Blasenentzündung 125
Blutdruck 26
Bronchitis 69, 105
Brust 21
Brustgriff 42
Buckel 30
Bürsten 19, 48

Cat Sitter Club 43

Darmschleimhautentzündung 119
Desinfektion 46, 72, 91, 113
Dosenfutter 51, 53
Durftmarken 60
Duftstoffe 16
Dunkelheit 14
Durchfall 67, 71, 118, 151
Durchfall, blutiger 67

Einfangen 38, 41
Eingeweidebruch 147
Einlauf 124
Einschläfern 33, 72, 140
Ekzem (Hautausschlag) 113
Entwurmen 34, 47
Erbrechen 71, 74, 116
Erbrechen, schmerzhaftes 67
Erkältung 68, 103
Ernährung 51, 68, 128
Erregung 29, 72
Ertränken 33
Erziehung 34, 149

Falsche Wut 70
Fasten 68
Fauchen 29
Fell 50,
Fell, stumpfes 114
Fellwechsel 24, 49
Fellstruktur 20
Fettsucht 141
Fieber 67, 69, 73, 106, 120
Fiebermessen 83
Fertig-Futter 51
Festhalten 41
Fleisch, rohes 48, 52

Register

Flöhe 109
Flugreisen 44
Flüssigkeitsaufnahme 24, 67
Fremdkörper 100, 107, 122
Fruchtbarkeit 32, 57
Festhalten 41, 81
Fortpflanzung 17, 57
Furunkel 148
Fütterung 54
Fütterungsfehler 97, 114, 120, 123
Futter 48, 51, 60
Futtermenge 54, 60, 150
Futternapf 34, 48, 67, 91
Futterverweigerung 55, 67, 150
Futterverweigerung, seelisch bedingte 25
Futterverweigerung, bei Krankheit 55

Gebärmutterentzündung 145
Gebiß 22
Geborgenheit 26
Gehirn 16
Gehirnerschütterung 139
Gehör 16
Gehörgangentzündung 100
Gelenke 22
Gerüche, scharfe 16
Geruch, schlechter 151
Geschichte der Katze 10
Geschlechtsorgane, Erkrankung der 128
Geschlechtsprobe 56
Geschlechtsreife 56
Geschmacksstoffe im Fertigfutter 51
Geschwulst 146
Gewebsneubildungen 107
Gewichtsprüfung 142
Gewichtsverlust 71, 73
Gipsverband 131
Gleichgewichtsstörungen 102
Gras 36, 55
Gruppe 74
Grollen 29

Haarausfall 76
Haarballen 116
Haarkleid 24, 48, 53
Haarlinge (Läuse) 110
Haarwechsel 24, 49, 76
Harnröhrengrieß 126

Harnsteine 126
Haut 48
Hautausschlag 113
Hautentzündung 73
Hauterkrankungen 113
Heimweh 25
Herbstgrasmilbe 111
Hinken 129
Hinterbeine 21
Homöopathische Anwendung 92
Hörbilder 15
Honigmilch 106
Hornhaut der Augen 16
Hund 12
Hunger 29
Husten 73
Hygiene 28

Impfpaß 45, 65, 78
Immunisierung 65, 68, 71
Impfplan 66
Impfung 33, 64, 68, 71, 78
Infektionskrankheiten 18, 64, 66, 80
Innereien 53
Inhalation 104
Insektenhalsband 46, 111
Insektenstiche 139

Jagdinstinkt 10, 18
Jagdtrieb 17
Juckreiz 70, 76
Jucksuche 70
Jungkatzen 29, 33

Kämmen 19, 48
Kampfbereitschaft 30
Kampfgesänge 29
Kastration 18, 33, 59, 61
Katergesang 18
Katerliebe 60
Katzenaußentreppe 34
Katzenbaby 33
Katzenbuckel 30
Katzenerwerb 65
Katzenfutter 51
Katzen, kämpfende 32, 97
Katzenklo 34, 45, 48, 67, 75, 91
Katzenkorb 36, 38, 45, 48, 67, 91
Katzenleukose 71
Katze oder Kater? 56

157

Register

Katzenpaß 45
Katzenpest 67
Katzenpfad 35
Katzenreinigung 68
Katzenschnupfen 64, 68
Katzenseuche 64, 67
Katzenspiel 31
Katzensprache 29
Katzenstreu 45, 48, 67, 91
Katzenstromer 32
Katzenstaupe 67
Katze, sterbende 29
Katzensuche 15, 36
Katzentransport 35, 38, 41, 45
Katzen-Untersuchung (selbst) 79
»Katzenwäsche« 50
Katzenzüchter 17, 19
Kennummer 39
Kind und Katze 28, 48, 71
Kletterhilfen, Kletterbaum 34, 91
Knochenbauplan 21
Knochenbrüche 130
Knochengerüst 21
Knotige Veränderungen 146
Knurren 29
Kopf 21
Kopfschütteln, häufiges 100
Körperausscheidungen 24, 67
Körperfunktionen 24
Körperregionen 21
Körpertemperatur 24, 67
Kosten der Katzenhaltung 28
Kot 48, 67, 74
Krallen kürzen 48
Krallen schärfen 18, 35
Krallenverletzungen 133
Krämpfe 72
Krankenkost 55
Krankheiten, ansteckende 47, 66
Krankheiten, nicht auf
　den Menschen übertragbar 67
Krankheiten, auf den
　Menschen übertragbar 71
Krankheitsanfälligkeit 25, 66
Krankheitserreger 68
Krankheitsvorbeugung 47, 64
Kratzbaum 18, 28, 34
Kratzen, ständiges 108
Kreuz 21
Kurzatmigkeit 71
Küßchen 48

Lähmungen 72, 129, 131, 134
Läuse 110
Lebenswille 25
Leine 45
Liebesentzug 25
Liebesleben 56
Lungenentzündung 69, 73, 106

Markierungsduft 16
Mattigkeit 70, 77, 153
Medikamente 46
Medikamente verabreichen 81
Mensch-Tier-Beziehung 12, 26, 48
Miauen 29, 57
Mikro-Chip 39
Milch 52
Milchdrüse 146
Milchfluß 29
Mißtrauen 30
Mittelohrentzündung 102
Mundhöhlenuntersuchung 83
Mundschleimhautentzündung 98
Mundspülungen 99
Muskeln 21, 134
Mykosen 76

Nachhand 21
Nachwuchs 32
Nährstoffe 51
Nahrungszufuhr 68
Nahrungszusammensetzung 51
Nase 16
Nasenlaufen 74
Nasenschleimhautentzündung 103
Nasenwinkel 50
Nase, feuchte 103
Neugier 30
Neurosen 18, 120, 150
Nickhaut-Vorfall 96
Nierenstörungen 152
Nierenentzündung 127
Niesen 68

Oberkiefer 23
Ohren 15
Ohrenhaltung 30
Ohrenmilben 50, 100
Ohrenmuskeln 16
Ohrenpflege 48, 50

Register

Ohrentropfen verabreichen 87
Ohrräude 100
Operationen 91, 139

Pädagogik 34, 68
Panleukopenie (Katzenseuche) 67
Parasiten 47, 49, 53, 100, 107
Parodontose 98
Pflege 19, 47, 68
Pfoten 16
Pfoten, hintere 21
»Pille« 59
Pilzerkrankungen 76, 113
Pseudowut 70
Puls 24
Pupillen 15

Quetschung 132

Ranzig werden 60
Rassekatzen 32
Räude (Skabies) 112
Reiseapotheke 46
Reiseutensilien 46
Revierverhalten 17, 32
Rheuma 134
Rolligkeit 13, 57
Rolligkeitsschreie 18, 29, 57
Ruheplatz 34

Salmonellose 48
Schlafkörbchen 37, 44
Schlafplatz 34
Schleimhautentzündung von Kehlkopf, Rachen, Luftröhre 104
Schleimhautrötung (Soor) 77
»Schlittenfahren« 151
Schluckbeschwerden 70, 72
Schmerzen 29
»Schnattern« 30
Schnupfen 69
Schnurren 29, 30
Schonkost 55
Schulter 21
Schußverletzungen 138
Schutzimpfung 33, 45, 47, 64, 69, 71, 73
Schwäche 67, 71, 74
Schwanz 21, 30, 57
Schwanzbewegungen 30, 57
Schwanzwirbelbruch 131

Schweißdrüsen der Ballen 16
Schwitzen 24, 81
Sehfähigkeit, eingeschränkte 71
Sehnerv 15
Selbstbehandlung, Grenzen der 78
Sexualzyklus der Katze 58
Sicherheit 34
»Sieben Leben« 135
Sinneskräfte 14
Speichel 72
Speichelfluß 70, 72, 97, 100
Spielen 31, 35, 46
»Sprache« 27, 29
Spulwürmer 114
Stammbaum 19
»Standards« 19
Sterilisation 60
Stoffbeutel 90
Streicheln der Katze 31, 79
Streß 68, 73
Stubenrein 35, 149
Sulfonamide 64
Symptomsuche 79

Tapetum lucidum 14
Tasthaare 14
Tierarzt 17, 25, 48, 63, 66, 72, 78, 100, 138, 153
Tierheime 32, 44
Tierklinik 39
Tierschutzgesetz 12
Tierschutzverein 39
Tollwut 70
Toxoplasmose 48, 74
Trächtigkeit 143
Tragekorb 36, 38, 91
Tränenkanäle 49
Treten, Treteln 29, 30
Trinkwasser 45, 52
Tuberkulose 73
Tumoren 146, 148

Umgebungswechsel 40, 68
Umzug 40, 68
Unbehagen 29
Ungezieferhalsband 46, 111
Ungeziefermittel 46
Unsauberkeit 149
Unterkiefer 23
Unterkieferbruch 131

159

Register

Unterlegenheit 29
Urinieren 35
Urinmarken 61
Urlaub 43

Verbände anlagen 89
Verbrennungen 139
Verdauungsorgane 72
Verdauungshilfen 36
Vergiftung 153
Verhalten 29
Verhaltensänderung 61, 72, 94, 97, 100, 103, 148
Verhaltensstörung 18, 61, 72, 148
Vermehrungs-Rhythmus 11
Verrenkungen 132
Verschwinden der Katze 36
Verstauchung 132
Verstopfung 67, 71, 123
Virusinfektionen 64
Vitamine 51
Vorbeugen 64
Vorderbrust 21
Vorhand 21

Wasserlassen, häufiges 124
Wassernapf 45
Wehen 29
Wildkatzen 10
Wirbelsäulenverletzung 129
Wohlbefinden 25
Wohnungshaltung 18
Wohnungskatze 18
Wundversorgung 131
Wurfgeschwister 33
Wurmbefall 65, 114, 120

Zähne 17, 22, 97, 152
Zahnfleischentzündung 98
Zäpfchen 86
Zecken (Heubock) 111
Zerrungen 132
Zehenknochenbruch 130
Zimmerpflanzen 36
Zooanthroponosen 47
Zuchtverbände 19
Zugluft 48, 96
Zunge, rauhe 24